AF502514

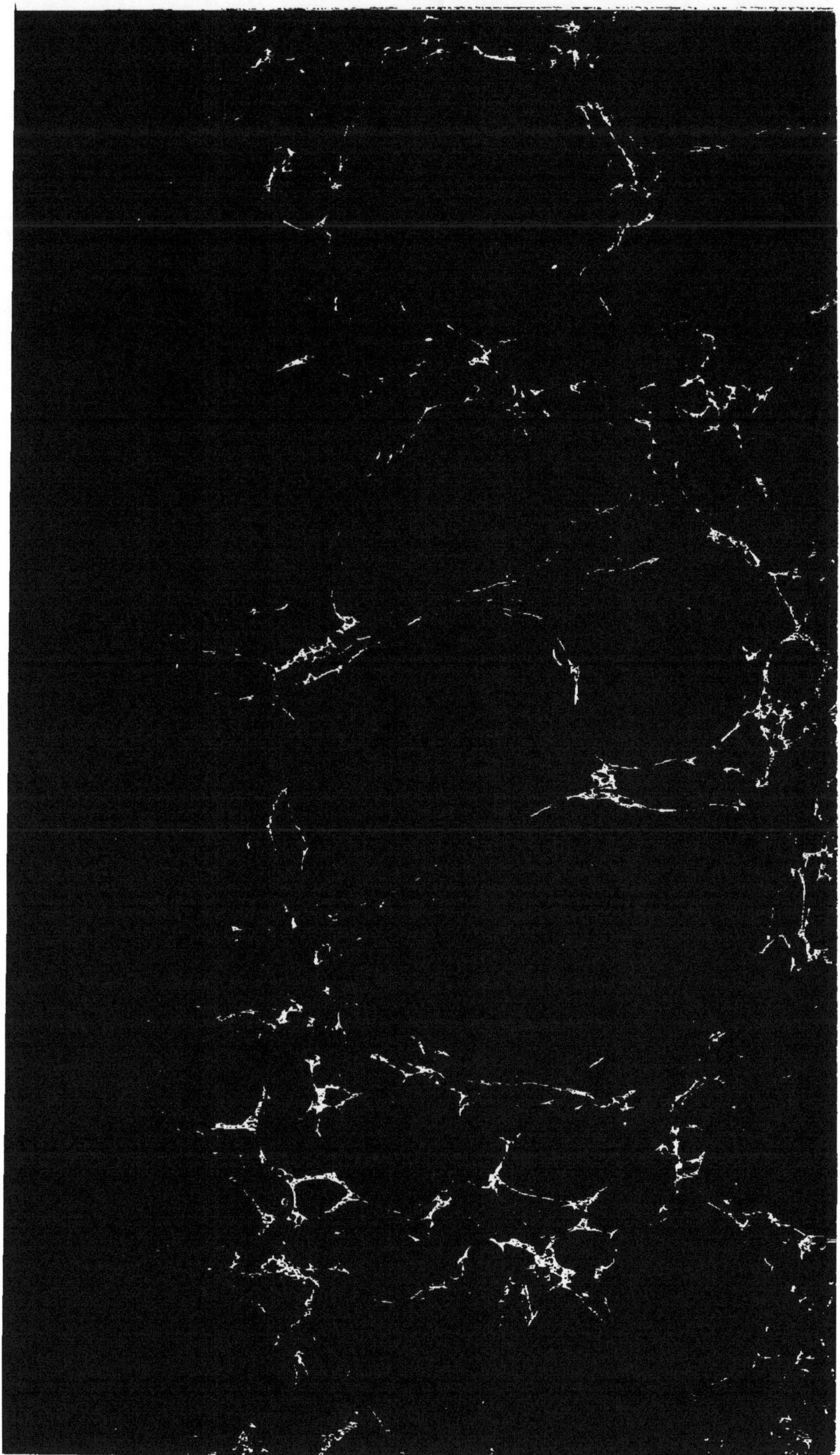

LA FRANCE

ET

PARIS

LES TROIS RÉPUBLIQUES

PARIS. — TYPOGRAPHIE MORRIS PÈRE ET FILS

Rue Amelot, 64.

ÉTUDES HISTORIQUES ET MUNICIPALES

LA FRANCE

ET

PARIS

PAR

LOUIS LAZARE

EN VENTE :
AU BUREAU DE LA BIBLIOTHÈQUE MUNICIPALE
PUBLICATIONS ADMINISTRATIVES
Paris, Boulevard du Temple, 10.
1872

AVANT-PROPOS

L'administration Municipale de Paris a été le sujet des études de toute ma vie.

Mais c'était la ville du luxe et des plaisirs, la Cité-Reine des sciences et des arts, dont j'étais heureux et fier, comme Parisien, d'exalter la beauté.

Cette fois, ce qu'il me faut peindre, c'est un Paris affamé, fiévreux, où l'on brûle des monuments, où l'on pille, où l'on tue.

Durant ces longs jours de deuil, pendant le siége de Paris, comme durant la guerre civile, j'ai recueilli avec le plus grand soin les documents qui émanaient soit du Gouvernement de la défense nationale, soit de la Commune de Paris.

Toutes les publications périodiques présentant un certain intérêt ont été collectionnées et sont venues grossir mes archives essentiellement municipales. Ces archives, qu'il a fallu trente années à former, sont d'autant plus précieuses aujourd'hui que celles de la Ville n'existent plus.

Ces éléments, si nécessaires à mon travail, n'eussent pas suffi à un ouvrage que j'avais l'ambition de faire sérieusement utile. Durant cette triste période, je n'ai pas quitté Paris un seul jour, habitant le matin le onzième arrondissement, le soir le vingtième.

Parcourant les différents quartiers de la ville, souvent je suis entré dans les clubs, où j'ai prêté une oreille attentive aux improvisations les plus furibondes, que j'ai notées avec soin pour les reproduire avec exactitude.

Parfois, me mêlant aux groupes au milieu desquels péroraient les orateurs les plus exaltés, je cherchais à retenir les harangues de ces Démosthènes de carrefours. Je copiais également les affiches dont les excentricités affriandaient le plus grand nombre d'énergumènes.

Il m'arrivait aussi d'assister, le matin, au convoi d'un libre-penseur, et l'après-midi ou le soir à l'élection des officiers de la garde nationale.

En maintes circonstances, je me suis installé aux portes des boucheries et des boulangeries, aux heures durant lesquelles le stationnement de nos femmes et de nos filles excitait les plus vives clameurs.

Je puis dire que j'ai étudié l'administration révolutionnaire sur place, dans la rue ;— on verra comment Paris était administré.

Toutes mes impressions, je les ai reproduites au fur et à mesure que je les ressentais. Ce que j'ai voulu composer enfin, c'est *le Tableau de Paris*, du 4 septembre 1870 au 10 juin 1871.

Cet ouvrage est surtout la consécration malheureusement trop douloureuse de cette vérité que j'ai signalée sans relâche dans mes différentes publications, pendant trente années : *La déplorable administration municipale de Paris, depuis* 1789 *jusqu'à nos jours, a été la cause principale des révolutions périodiques dont la Capitale a été le théâtre et la France la victime.*

Pour rendre cette vérité saisissante, il importait essentiellement d'opposer l'ancienne Édilité parisienne à l'administration moderne de Paris. — Cette nécessité explique l'introduction historique qui commence cet ouvrage.

La première de ces deux administrations était éminemment conservatrice, pleine de sagesse ; elle a toujours compris qu'elle avait mission de faire de Paris la ville du luxe par excellence, la préférée des étrangers, la Capitale des sciences et des arts.

La seconde, révolutionnaire de naissance, sans érudition administrative, inhabile, vulgaire, a fini par enfanter une formidable cité ouvrière, un Paris forgeron, foyer permanent d'insurrections et de guerre civile.

Cette seconde administration ne s'est pas accusée seulement aux dépens de Paris comme au préjudice de la France, durant les deux républiques de 1793 et 1848, on l'a vue s'affirmer encore sous le second Empire par des excès d'une nature bien différente mais également funeste.

En effet, les deux milliards dépensés pour Paris pendant quinze années, sous le règne de Napoléon III, en ont remué trois fois autant.

Cette accumulation monstrueuse de capitaux, absorbés par des travaux exagérés, devait exercer une attraction irrésistible sur les ouvriers et les cultivateurs de nos provinces qui sont venus fondre sur Paris comme sur une proie. De là cette augmentation foudroyante de la population parisienne dans le sens toujours dangereux des classes nécessiteuses.

Lorsque nos désastres ont amené l'étranger sous nos murs, il ne s'est pas trouvé un Bertrand Du Guesclin pour utiliser ces grandes compagnies au mieux du salut de la France.

Quand Paris s'est rendu, ces hordes sans emploi se sont faites pour la plupart bandes d'insurgés, et l'on ne sait que trop ce que la Commune de Paris aurait fait de la Capitale si l'existence de cette odieuse tyrannie eût été prolongée de quelques jours seulement.

Enfin, ce que j'ai voulu composer, c'est l'histoire administrative de la Ville de Paris sous les trois républiques, en démontrant cette vérité :

La mauvaise administration municipale de 1789 a produit ce qu'on appelle le régime de la Terreur ;

L'incapacité des magistrats improvisés en 1848 explique cruellement l'insurrection de juin, comme l'étrange Édilité de 1870 devait infailliblement donner naissance à la Commune de Paris.

1793 - 1848 et 1871 sont trois anneaux d'une même chaîne.

INTRODUCTION HISTORIQUE

Ce n'est pas à sa situation, excellente d'ailleurs, que Paris a dû sa prééminence. La Royauté a choisi cette ville pour Capitale, la France l'a saluée Reine, parce que son organisation municipale, en tous points supérieure à celle des autres cités, offrait non-seulement à nos souverains la plus grande sécurité, mais assurait encore au pays tout entier les plus grandes ressources.

En effet, la Royauté était encore à, la fin du douzième siècle, errante de ville en ville, et son pouvoir toujours contesté par les grands vassaux dont les plus puissants se révoltaient impunément.

Un jour, les Magistrats parisiens allèrent trouver le roi Philippe-Auguste, et lui dirent : — Si vous daignez faire de Paris votre demeure habituelle, si vous adoptez cette ville pour Capitale, votre couronne est ferme et solide sur votre tête. Vous faut-il de l'or ? en voici ; du fer ? en voilà ; notre vie ? nous sommes prêts.

De chaque côté, on se tint noblement parole. Philippe-Auguste, le premier roi réellement parisien, augmenta les priviléges de sa Capitale, et dans toutes les chartes de nos rois fut faite la mention suivante qui est une reconnaissance des droits de nos ancêtres : *consuetudines eorum tales sunt ab antiquo.*

Les habitants de Paris se cotisèrent pour l'établissement d'un nouveau rempart, destiné à protéger la Capitale qui avait mission de sauvegarder la royauté

Lorsque le maître ès œuvres de la ville, Pierre Brulart, vint annoncer au Roi, le 11 octobre 1213, que le rempart enveloppait complétement Paris, Philippe-Auguste se leva, embrassa l'architecte, et mettant la main sur le pommeau de son épée : — Mes amis, dit le Souverain aux grands officiers qui l'entouraient, maintenant il y a un Roi et une France. Philippe-Auguste avait raison, l'enceinte de la Capitale renfermait une superficie de 2,528,633 mètres, contenant une population de 180,000 âmes.

Paris devenait pour la royauté une assise de granit, la plus solide base d'opérations en cas de guerre. Cette excellente position fut cause en partie que le Souverain réunit à la couronne, par la confiscation féodale ou l'épée à la main, la Normandie, le Maine, l'Anjou, la Touraine et le Poitou ; que Philippe-Auguste put acheter les comtés d'Auvergne et d'Artois, et se faire restituer la Picardie.

A l'abri des ennemis du dehors, nos Rois pouvaient redouter les ennemis du dedans.

— Comment assurerez-vous la stabilité du trône ? dirent nos Souverains aux Magistrats parisiens.

— En faisant de votre Capitale une ville de luxe, répondirent nos dignes Échevins. Pour cela, construisons dans Paris de beaux monuments, fondons dans cette ville de nombreux établissements scientifiques, semons les plaisirs pour amorcer la fortune, et bientôt votre Capitale exercera une attraction irrésistible sur les étrangers, sur les savants, les artistes, les nobles et les riches, dont le superflu dépensé dans nos murs assurera le nécessaire des pauvres.

— Mais pour construire de beaux monuments, pour créer de grands établissements scientifiques, il faut de l'or, et beaucoup ; comment se le procurer ?

— Par la perception de taxes municipales sur les denrées et les objets de première nécessité ; ces taxes sont les plus productifs des impôts.

— Mais, objectaient nos Souverains, nos provinces s'élèveront contre ces taxes qu'elles auront à payer aux portes de Paris.

— Nous leur répondrons : une Capitale est une ville de consommation et non de production. Paris doit être considéré par nos provinces comme un immense marché, comme une mine d'or. Il est donc de toute justice qu'elles nous abandonnent des parcelles de cet or qu'elles viennent extraire du sol parisien. D'ailleurs, du produit de ces taxes nous ferons deux parts : l'une doit être consacrée à la Royauté, pour qu'elle soit grande dame et souveraine maîtresse ; l'autre servira toujours à construire de splendides monuments dont la beauté rayonnera sur le monde pour le conquérir par les arts à la France.

Si vous exonérez, au contraire, les denrées et les objets de première nécessité, qu'adviendra-t-il ? Paris, où l'ouvrier gagne davantage, sera bientôt la ville où il pourra vivre à meilleur compte. Que produiront ces deux iniquités ? Une attraction irrésistible sur les cultivateurs, sur les artisans et les ouvriers de vos provinces; vous les verrez abandonner, en grand nombre, leurs champs et leurs villes secondaires pour fondre sur votre Capitale, où bientôt ils constitueront une majorité pauvre et fatalement dangereuse.

— Mais, insistaient nos Souverains, l'homme qui travaille le plus rudement est celui qui consomme le plus de denrées de première nécessité; vos taxes pèseront donc cruellement sur les artisans et les ouvriers parisiens.

— Au contraire, ils les payeront en chantant, répliquaient nos vieux Échevins, parce que ces taxes serviront de barrages aux flots avariés de vos provinces et de l'étranger, en mettant les ouvriers et les artisans parisiens à l'abri d'une concurrence fiévreuse et désordonnée, qui amènerait infailliblement, dans un temps prochain, l'avilissement des salaires. En effet, dans votre Capitale, les salaires ne peuvent être constamment rémunérateurs qu'à la condition expresse que le nombre des bras n'excédera pas sensiblement la somme de travail ; sans cela, l'équilibre est rompu.

Le grand art de gouverner la Frances, disaient en terminant nos anciens et dignes Échevins de Paris, consiste principalement à doter les campagnes de bienfaits si réels, d'avantages si considérables, qu'il devienne plus profitable de se servir de la bêche du laboureur que du marteau de l'ouvrier.

Tels sont les grands principes administratifs auxquels

s'arrêtèrent, d'un commun accord, nos Souverains et les anciens Magistrats de la Ville de Paris. Toutes les autres branches de l'Administration municipale s'inclinèrent devant ces sages principes, ainsi qu'il sera démontré dans le cours de cette introduction historique.

Mais j'ai hâte de prendre mon bâton de pèlerin pour parcourir les rues de Paris, et rappeler ce que nos Rois ont fait de cette ville qui, dans l'origine, n'était qu'une chétive bourgade habitée par de pauvres bateliers.

Le premier monument que je rencontre est la *Sainte-Chapelle*; je pense à ce Roi qui fut à la fois un législateur, un héros et un saint.

Pour recevoir dignement les précieuses reliques apportées d'Orient, la Sainte-Chapelle s'éleva, chef-d'œuvre admirable où se sont rencontrés fondus d'un seul jet le génie d'un grand artiste et la piété d'un grand Roi.

Mais, me voici devant le *Collége de France*, et je me souviens du Roi chevalier, du gentilhomme instruit et bien disant.

« Nous avons résolu, dit François Ier, de construire en notre logis et place de Nesle, à Paris... un beau et grand collège de trois langues (hébraïque, grecque et latine), accompagné d'une belle et somptueuse Eglise avec autres édifices dont les dessins ont été faits... »

Sous le règne de François Ier, la langue française, jusqu'alors rude et sauvage, s'assouplit et fut écrite avec douceur, esprit et naïveté.

La peinture, éclatante comme le soleil de l'Italie

qui l'avait inspirée, orna les palais de François Ier, qui assistait à la mort de Léonard de Vinci et confiait Fontainebleau au Primatice.

La Royauté française se greffait sur les beaux-arts, à ce moment suprême où l'Italie, cette belle et luxuriante Italie, était en plein épanouissement de grandeur et de poésie.

L'Europe, subitement éclairée, répétait les noms de Bramante, de Michel-Ange et de Raphaël comme elle redisait dans tous les idiomes les amours de Roméo et de Juliette. Le Tasse et l'Arioste allaient chanter la chevalerie dont François Ier devait être le dernier comme le plus brillant modèle.

Je traverse la *Place-Royale*, et je pense au roi Henri IV, qui en ordonna la construction par lettres patentes de 1605, à l'effet d'y établir des manufactures de draps de soie.

« Ayant délibéré, dit Sa Majesté, pour la commodité et l'ornement de nostre bonne Ville de Paris, d'y faire une grande place bastye des quatre costez, laquelle puisse estre propre pour ayder à establir les manufactures de draps de soye, et loger les ouvriers que nous voullons attirer en ce royaume le plus qu'il se pourra, et par mesme moyen puisse servir de proumenoir aux habitants de nostre ville, lesquels sont fort pressez en leurs maisons, à cause de la multitude du peuple qui y afflue de tous costez, comme aussy aux jours de resjouissances, lorsqu'il se fait de grandes assemblées... »

Ces manufactures de draps de soie qui devaient, selon Henri IV, attirer dans Paris de nombreux ouvriers, ne furent pas du goût de Sully, encore moins du Prévôt des Marchands, François Myron.

Ce dernier résista courageusement, jusqu'à déplaire au Roi.

Les courtisans disaient déjà :

« Myron ira, ce soir, coucher à la Bastille. »

Mais Henri IV, se calmant tout à coup, se tourna vers le Magistrat et lui dit :

« Compère Myron, vous avez bien fait de me dire que j'avais tort; les Rois s'appuient sur les chênes, non sur les roseaux. »

Ces manufactures ne réussirent pas ainsi que l'avaient prévu le grand Ministre et le savant Magistrat ; bientôt s'élevèrent, à leur place, de splendides hôtels habités par les premières familles de France.

Tour à tour on vit passer, sous les arcades de la Place-Royale, Condé, le grand Corneille, le duc de La Rochefoucauld, Marion de Lorme, Vincent de Paul, Ninon de l'Enclos, Molière, la duchesse de Longueville, le cardinal de Richelieu, Françoise d'Aubigné, de Thou, et Cinq-Mars, tous les noms enfin qui représentent le génie, la beauté, le courage, la charité et le malheur.

Un jour, le roi Henri IV se plaignait au prévôt des Marchands, Jacques Sanguin, des désordres qui se commettaient dans Paris, surtout pendant la nuit. Sa Majesté attribuait ces désordres à la turbulence des Parisiens.

Voici en quels termes le Magistrat combattit l'opinion du Roi :

« Sire, on vous a dit que le populaire de Paris étoit turbulent et dangereux; cela n'est pas, ôtez-vous cela de la tête, cher Sire. Voilà vingt années, ou à peu près, que je m'occupe d'administration; or il m'est de science certaine qu'on insulte méchamment votre bonne ville de Paris.

» Elle renferme, il est vrai, deux sortes de populaires bien dissemblables et d'esprit et de cœur. Le vrai populaire, né et élevé à Paris, est le plus laborieux du monde, voire même le plus intelligent; mais l'autre, sire, est le rebut de toute la France; chaque ville de vos provinces a son égout qui amène ses impuretés à Paris.

» Par exemple, une fille se fait-elle engrosser à Rouen? vite, elle prend le coche et débarque à Paris pour ensevelir sa honte. Elle met au monde un petit être, et c'est le Parisien qui nourrit cet enfant que le Normand s'est donné le plaisir de faire; puis on dit : *Le Parisien aime la cotte.*

» Un homme a-t-il volé à Lyon? il vient se cacher à Paris, et comme le métier de voleur est le plus lucratif par le temps qui court, il coupe les bourses de plus belle? s'il est pris, *c'est le Parisien, qui est le volé, qui nourrit le Lyonnais, qui est le voleur.*

» Un Marseillais a-t-il assassiné? Paris est son refuge et son impunité; s'il tue encore quelqu'un, la province dit: *Il n'y a que des brigands à Paris.*

» Sire, il est temps que tout cela finisse. La Ville de Paris ne saurait être plus longtemps l'hôtellerie des ribaudes et des bandits de vos provinces. Que des lois sages, toujours exécutées avec énergie, rejettent cette écume hors de la ville, à cette fin que le flot parisien reprenne sa transparence et sa pureté. »

Après cette fière et sage réponse, lorsqu'un Normand un Lyonnais, un Marseillais, ou tout autre provincial était arrêté pour vol dans Paris, le condamné devait subir sa peine dans une des prisons de sa province, avec défense expresse de revenir dans la Capitale.

C'était un excellent remède pour purger la ville de Paris.

Aussi Henri IV, mieux renseigné sur l'administration municipale de Paris, se plaisait à répéter :

Ayons moins d'ouvriers dans les Villes, et plus de laboureurs dans les campagnes.

Parmi nos monuments, l'un des mieux placés dans le splendide panorama de Paris est sans contredit *l'Hôtel des Invalides.*

Constatons avec quelle noblesse, le Roi Louis XIV, dans l'Édit du mois d'avril 1674, sut acquitter, au nom de la France, une dette sacrée.

« Considérant, dit Sa Majesté, que rien n'est plus capable de détourner ceux qui auroient la volonté de porter les armes et d'embrasser cette profession, que de voir la méchante position où se trouveroient réduits la plupart de ceux qui s'y étoient engagés, et n'ayant pas de biens, y auroient vieilli ou été estropiés, si l'on n'avoit soin de leur subsistance et entretènement... nous avons pris la résolution d'y pourvoir... »

Tout en assurant le sort des soldats mutilés au service de la patrie, Louis XIV n'avait pas oublié les pauvres des grandes villes.

Au sujet de la fondation de l'*Hôpital-Général*, depuis la Salpêtrière, aujourd'hui hospice de la Vieillesse (Femmes), le Roi s'exprime en ces termes dans l'Édit du 27 avril 1656 :

» Considérant les pauvres mendiants comme membres vivants de Jésus-Christ, et non comme membres inutiles de l'État, et agissant en la conduite d'un si grand œuvre non par ordre de police, mais par le seul motif de la charité... »

Comprenant également toute l'attraction que les sciences et les arts pouvaient exercer sur l'Europe dans l'intérêt de la Ville de Paris, Louis XIV donnait, au mois de mars 1672, des lettres patentes qu'on peut regarder comme l'état civil de l'*Opéra.*

Le préambule de ces lettres patentes mérite d'être rapporté :

« Louis, etc... Les sciences et les arts étant les ornements les plus considérables des États, nous n'avons point eu de plus agréables divertissements, depuis que nous avons donné la paix à nos peuples, que de les faire revivre en appelant près de nous tous ceux qui se sont acquis la réputation d'y exceller, non-seulement dans l'étendue de notre royaume, mais aussi dans les pays étrangers, et pour les y obliger davantage à s'y perfectionner, nous les avons honorés de notre bienveillance, et comme entre les arts libéraux, *la musique* y tient un des premiers rangs, nous aurions, dans le dessein de la faire réussir avec tous ses avantages, par nos lettres patentes du 28 juin 1669, accordé au sieur *Porrin* une permission d'établir, en notre bonne ville de Paris, et autres de notre royaume, des *Académies de musique* pour chanter en public des pièces de théâtre, comme il se pratique en Italie, en Allemagne et en Angleterre... Mais, ayant été depuis informé que les peines et les soins que le dit sieur Perrin a pris pour ces établissements n'ont pu seconder pleinement nos intentions, et élever la musique au point que nous nous l'étions promis, nous avons cru, pour y mieux réussir, qu'il étoit à propos d'en donner la conduite à une personne dont l'expérience et la capacité nous fussent connues, et qui eût assez de suffisance pour former des élèves, tant pour bien chanter et actionner sur le théâtre qu'à dresser des bandes de violons, flûtes et autres instruments.

» A ces causes, bien informé de l'intelligence et grande connaissance que s'est acquis notre très-cher et bien amé Jean-Baptiste *Lully*, au fait de la musique, dont il nous a donné et donne journellement de très-agréables preuves depuis plusieurs années qu'il s'est attaché à notre service, nous avons au dit sieur Lully permis et accordé, permettons et accordons par ces présentes d'etablir une *Académie Royale de Musique* dans notre bonne ville de Paris... »

Me voici devant l'*École de Médecine*, et je pense au Roi Louis XVI, qui posa la première pierre de cet établissement le 4 décembre 1774. On lui doit également l'Institution des *Sourds-Muets*, l'établissement du *Mont-de-Piété*, des *Jeunes Aveugles*, le bureau des *Nourrices*, les hôpitaux *Necker*, *Beaujon*, *Cochin*, du *Midi* et l'hospice de *La Rochefoucauld*.

La sollicitude de Louis XVI ne s'étendait pas seulement sur les établissements destinés à soulager les classes nécessiteuses, son intervention favorisait aussi les beaux-arts, qui exercent sur une grande nation une si heureuse et si légitime influence.

C'est au Roi Louis XVI qu'on doit la fondation de l'*Opéra-Comique*, de l'opéra parisien par excellence.

Ainsi, presque tous les grands établissements dont la nation a droit de s'enorgueillir, les plus beaux monuments qui décorent la Capitale ont été apportés en dot par nos Souverains à leur ville bien-aimée, tous ont laissé sur le sol parisien des traces glorieuses de leur passage.

S'ils ont fait de la Capitale une ville de luxe dans l'intérêt de la monarchie, ils ont créé une magnifique Cité des beaux-arts dans l'intérêt de la France.

Maintenant, il importe de rappeler exactement l'organisation municipale de Paris sous l'ancienne monarchie, organisation qui remontait au premier âge de la royauté et qui dura jusqu'en 1789.

Le Prévôt des Marchands, les Échevins, les Conseillers, les Quartiniers, Cinquanteniers et Dizainiers étaient *tous élus* pour deux ans. Ils pouvaient continuer leurs fonctions trois fois de suite, si les suffrages se portaient de nouveau sur eux.

Ils devaient être nés à Paris et bourgeois de cette ville. Le père et le fils, les deux frères, l'oncle et le neveu, les deux cousins germains ne pouvaient être élus ensemble, et siéger dans le parloir aux bourgeois.

L'élection était fixée d'ordinaire au lendemain de la Notre-Dame d'août. Quelques jours avant, le Prévôt des Marchands et les Échevins enjoignaient aux Quartiniers de réunir les Cinquanteniers et Dizainiers sous leurs ordres, avec six bourgeois notables du quartier. Ces électeurs désignaient entre eux quatre personnes au bulletin secret ; les noms de ces quatre élus étaient remis par chaque quartinier au Prévôt des Marchands. Le premier magistrat choisissait, de concert avec les Echevins et les vingt-quatre conseillers, deux de ces élus pour chaque quartier; puis le Prévôt des Marchands, les Échevins, les Conseillers de ville, les Quartiniers, les Cinquanteniers, les Dizainiers et les Bourgeois élus formaient une assemblée qui procédait à l'élection du nouveau Magistrat. Cette élection était faite au bulletin secret. — Tel était l'usage suivi pendant des siècles pour la nomination du *Prévôt des Marchands*, considéré comme premier Magistrat de la Ville de Parts.

On voyait bien, au-dessus du Prévôt des Marchands, un *Gouverneur de Paris*; mais cette dignité, conférée aux plus beaux noms de France, était politique et militaire, sans aucun caractère municipal.

Les Echevins étaient au nombre de quatre. La condition d'être nés à Paris, celle aussi de n'avoir aucun parent dans le Conseil de ville, leur étaient rigoureusement imposées. Le rôle des Échevins consistait à venir en aide au Prévôt, à l'assister en toute occasion. Chacun d'eux était chargé d'une branche importante de l'administration municipale. Le premier Échevin, par exemple, dirigeait les finances; le second était chargé d'ordinaire de l'approvisionnement de la ville; le troisième avait la direction des travaux de grande voierie et la conservation des monuments publics; le quatrième enfin s'occupait du personnel et de la correspondance.

Pour contrôler les actes du Prévôt des Marchands et des Échevins, vingt-quatre *Conseillers* étaient élus. Aucune dépense ne pouvait être faite sans autorisation préalable des Conseillers de Ville. Toute proposition réjetée par le Conseil ne pouvait être reproduite par le Prévôt qu'après une année, à partir du jour de la délibération du Conseil.

Defense au Prévôt de quitter Paris sans autorisation du Roi. Défense aux Échevins de s'absenter de la ville sans permission du Prévôt.

Après les Conseillers venaient les *Quartiniers*, dont le nombre suivit la progression des quartiers de la ville.

Ainsi, sous Henri III, en 1588, Paris comptait seize quartiers et seize Quartiniers. Une déclaration du Roi, en date du 12 décembre 1702, ordonna que Paris serait divisé en vingt quartiers, dont voici les noms : 1° *La Cité*; — 2° *Saint-Jacques-la-Boucherie*; — 3° *Sainte-Opportune* ; — 4° *le Louvre* ; — 5° *le Palais-Royal*; — 6° *Montmartre*; — 7° *Saint-Eustache*; — 8° *les Halles*; — 9° *Saint-Denis* ; — 10° *Saint-Martin* ; — 11° *la Grève*; — 12° *Saint-Paul*; — 13° *Sainte-Avoie* ; — 14° *le Temple* ; — 15° *Saint-Antoine*; — 16° *la Place Maubert*; — 17° *Saint-Benoît*; — 18° *Saint-André-des-Arts* ; — 19° *le Luxembourg*; — 20° *Saint-Germain-des-Prés.*

Les Quartiniers étaient soumis à la direction du Prévôt des Marchands. Leurs attributions consistaient principalement à veiller au repos de la ville, ainsi qu'à la défense des remparts et des portes.

Les Cinquanteniers commandaient à cinquante hommes de milice bourgeoise, et les *Dizainiers* à dix hommes. Ils étaient tenus d'exécuter les ordres que leur transmettaient directement le Prévôt et leur Quartinier respectif. Ils avaient mission aussi de tenir une liste des habitants des maisons situées dans leur circonscription. Chargés de la conservation des chaînes de fer qui barraient les rues, en cas d'attaque, ils avaient soin de tenir toujours au complet le contingent de la milice bourgeoise ; et lors des incendies, ils mettaient en réquisition les habitants et leur distribuaient les instruments de sauvetage qui se trouvaient déposés chez le Quartinier.— Les Cinquanteniers et les Dizainiers étaient élus par les bourgeois.

Telle était, sous l'ancienne monarchie, la composition du corps municipal de Paris.

Cette organisation a été pour moi le sujet de longues et patientes études ; je vais succinctement en faire ressortir les nombreux avantages. Le mode d'élection, à plusieurs degrés, pour le Prévôt, les Échevins et les Conseillers de ville, était réfléchi, motivé, il évitait le regret, il épargnait le repentir.

Il obligeait à monter lentement, échelon par échelon, par le travail, le mérite et surtout par l'honnêteté. L'ouvrier laborieux conquérait le droit de bourgeoisie.

Le bourgeois nommait le Cinquantenier et le Dizainier et devenait successivement l'un et l'autre par son savoir et sa probité. Il ne s'arrêtait pas là : de Cinquantenier, s'il faisait preuve de savoir, il avait chance d'être nommé Quartinier, puis Conseiller. Parvenu à cette magistrature, il exerçait un contrôle sérieux sur les actes du Prévôt ; il devenait juge enfin et dispensateur éclairé des finances de la ville. Le premier Magistrat lui-même était constamment le produit d'une élection basée sur des antécédents toujours irréprochables et fournissant les preuves les plus complètes de droiture et de talent. Cette élection, à plusieurs degrés enfin, faisait que *le Prévôt se trouvait le plus digne parmi les mieux méritants.*

Nommé à cette suprême magistrature, le Prévôt des Marchands l'avait donc méritée, conquise. Il était exempt de ces éblouissements qui font trébucher d'ordinaire les ignorants, toujours orgueilleux.

Les magistrats de Paris devaient être Parisiens ; c'était encore là un trait d'une haute sagesse. En général, les hommes transplantés ne prennent aucun soin des monuments qui n'ont point ombragé leur berceau.

Les grandes familles parlementaires et bourgeoises faisaient instruire certain de leurs enfants, en vue de ces fonctions municipales, comme aujourd'hui les parents destinent leurs fils aux professions de notaires, d'avocats ou de médecins. Sept ou huit années étaient consacrées à l'étude de l'histoire de Paris et des différentes branches de l'administration municipale.

Aussi la Capitale, au lieu de subir des magistrats improvisés, des administrateurs de pacotille, comme ceux que nos révolutions ont fait éclore inopinément, a toujours possédé, pendant plus de huit siècles, des Prévôts et des Échevins dont la science et la sagesse sauvegardaient merveilleusement les intérêts de la Ville de Paris.

Dans la monenclature des Prévôts des Marchands, figurent : 17 Conseillers d'État ; — 16 Conseillers du Roi ; — 12 Conseillers au parlement ; — 8 Échevins ;

— 7 Conseillers de Ville; — 3 Gardes de la Prévôté; — 2 Trésoriers de France; — 2 Présidents aux requêtes du Palais; — 1 Maître de la Chambre aux deniers; — 1 Écuyer et Panetier du Roi; — 3 Avocats au parlement; — 1 Correcteur des comptes; — 4 Généraux des Monnaies; — 3 Maîtres des requêtes de l'Hôtel du Roi; — 2 Présidents de la Cour des Aydes; — 3 Présidents aux Enquêtes; — 1 Maître de la librairie du Roi; — 1 Changeur.

Ce maître de la librairie du Roi est *Guillaume Budé*, l'une de nos gloires municipales les plus nobles et les plus pures; il propagea en France l'étude de la langue grecque, et contribua puissamment à la fondation du Collége de France et de la Bibliothèque Royale. Érasme appelait Budé : *le prodige de la France*, et François Ier : *le plus beau diamant d'une couronne Royale !* Ce grand Magistrat, qui se faisait gloire et honneur d'être Parisien, mourut le 23 août 1540, et fut inhumé dans l'église Saint-Nicolas-des-Champs; il avait ordonné, par son testament, *qu'on le portât en terre de nuit et sans semonce, à une torche ou deux seulement*. Mellin de Saint-Gelais composa pour l'illustre défunt l'épitaphe suivante:

Qui est le corps que si grand monde suit ?
Las ! c'est BUDÉ au cercueil estendu.
Que ne font donc les cloches plus grand bruit ?
Son bruit sans cloche est assez respendu.
Que n'a-t-on plus en torche despendu,
Suivant la mode accoutumée et saincte ?
Afin qu'il soit par l'obscur entendu
Que des François la lumière est esteincte !

Le maître changeur s'appelait *Michel Lallier.* — Le 13 février 1436, les Parisiens secouèrent le joug des Anglais en ouvrant la porte Saint-Jacques au Connétable de Richemont et au comte de Dunois. Michel Lallier fut l'âme de cette glorieuse entreprise. Il commandait à plus de trois mille bourgeois de Paris qui tous jurèrent de vaincre ou de mourir. Porté le soir eu triomphe, Michel Lallier fut proclamé Prévôt des Marchands de la Ville de Paris et le Roi le fit noble par lettres patentes du 6 mai de la même année.

Voici un extrait de l'allocution de Michel Lallier au corps municipal de Paris, le jour de l'élection du Magistrat :

« Messieurs de la Ville, Dieu a pris en pitié notre beau pays de France... L'Anglais est chassé de nos murs... Mais nos misérables dissensions ont fait à notre pauvre et chère Cité des blessures sans nombre ; il faut aider notre Prince bien aimé à les guérir... L'ancienne prospérité de la Ville a disparu. Nos voisins sourient narquoisement du profit qu'ils font de nos péchés... plus de commerce. Les taxes qu'on payait aux ponts de Charenton et de Mantes ont diminué de moitié... l'industrie s'est envolée dans les Flandres ou en pays italiens. Eux la cajolent pour la retenir... Or donc pour que le commerce et l'industrie qui sont frère et sœur reviennent chez nous, il faut de bons réglements et de la quiétude.

» Du pain à qui veut le gagner par le travail. Aux farnients montrons le glaive ; s'ils bougent, frappons. »

Dans la liste des Échevins on trouve soixante-deux Conseillers de Ville et cinquante-neuf Quartiniers. Les Cinquanteniers et Dizainiers étaient, pour la plupart, de notables commerçants parmi lesquels figuraient d'anciens ouvriers devenus patrons, à force d'intelligence et d'économie. A côté de ces derniers, on voyait des descendants de l'ancienne noblesse parlementaire, lesquels, se destinant à remplir les plus hautes fonctions municipales, ne dédaignaient pas les attributions les plus modestes, pour étudier les différents services administratifs.

Ainsi, chaque classe composant la grande famille parisienne avait son influence, chaque talent son emploi, chaque vertu son droit d'expansion.

La Noblesse, c'était l'élévation dans les idées, la distinction et l'élégance des manières. L'élévation dans les idées faisait qu'on élevait des monuments toujours bien placés dans l'estime de l'Europe.

La distinction et l'élégance des manières captivaient l'étranger et flattaient le Parisien, qui entend qu'on le traite en gentilhomme.

La Magistrature, c'était la science, le travail, l'âme de l'administration.

La Bourgeoisie, c'était l'ordre, la régularité, l'économie dans les finances, qui sont les muscles d'une grande administration. Comme la bourgeoisie se recrutait incessamment dans la classe ouvrière, pour s'approprier ce que cette dernière avait de plus intelligent et de plus laborieux, la bourgeoisie représentait en même temps la jeunesse, la séve, la vie enfin.

Le grand talent, la suprême qualité des législateurs, consiste à utiliser au profit des institutions, dans l'intérêt de la stabilité du pouvoir, le plus grand nombre possible d'intelligences honnêtes, dévouées et loyales, afin de rehausser chaque profession, de telle façon qu'un homme soit engagé d'honneur à lui consacrer son temps, son savoir, toute son existence. Cette sobriété de nos pères a fait longtemps du devoir une seconde religion, qui est, après celle qui s'élève jusqu'à Dieu, la meilleure garantie des gouvernements, l'assise la plus solide des sociétés.

Le secret de cette longue existence de la Prévôté s'explique par l'intervention permanente de la population parisienne dans l'administration de sa ville bien-aimée. Les Parisiens y trouvaient un intérêt à sauvegarder, un devoir à remplir. Tous avaient également à cœur la conservation d'une grande institution qui assurait le nécessaire des pauvres en respectant le superflu des riches.

Ensuite, comme on n'arrivait jamais, tout à coup, d'emblée, aux plus hautes fonctions municipales; comme il fallait les mériter, les conquérir par des études sérieuses sur Paris, cette ville possédait une administration si heureusement organisée, qu'elle constituait, au profit de l'institution municipale, une espèce d'inviolabilité.

Voilà le secret de sa durée plus de dix fois séculaire.

La population saine de Paris avait surtout à cœur la conservation de la royauté, qui lui assurait sa proéminence sur les autres villes, en ajoutant sans cesse à la splendeur de cette grande Cité.

Cette affection était si vive, les Magistrats de Paris

avaient tant de dévouement pour nos Souverains, que les révolutionnaires comprirent qu'il fallait d'abord détruire l'Édilité parisienne pour renverser ensuite la Royauté.

Ils commencèrent par entourer de séductions le Prévôt des Marchands, Jacques de Flesselles. Ce Magistrat les écarta; on le menaça de le tuer : il sourit et répondit : Je suis prêt.

Le jeudi 16 juillet 1789, le surlendemain de la prise de la Bastille, il y avait foule sur la place de Grève. La grande salle de l'Hôtel-de-Ville était envahie bien avant l'arrivée du Prévôt des Marchands.

Vers onze heures, lorsque le Magistrat parut, des menaces l'assaillirent de tous côtés.

— Voilà le bourreau du peuple! hurlèrent les émeutiers en montrant le poing au Prévôt, qui depuis un mois passait les nuits à travailler.

— Pourquoi le pain est-il si cher?

— Demandez au soleil qui n'a pas mûri nos moissons, répond Jacques de Flesselles.

— A bas vos taxes municipales!

— Mais c'est avec l'argent qu'elles produisent que nous fournissons du travail aux ouvriers; elles nous aident à construire des monuments qui ont conquis à la France le rang distingué qu'elle occupe dans les arts.

— Pourquoi forcez-vous la province à payer des impôts dont Paris seul profite?

— Une Capitale n'est point une ville de productions matérielles, mais bien de consommation. C'est un immense et fructueux débouché pour les denrées et les marchandises que nous envoient nos provinces. Si nous les enrichissons, il est juste qu'elles partagent leurs bénéfices avec Paris.

— D'où vient que les étrangers, les nobles et les riches s'enfuient de Paris?

— Parce que vous leur faites peur avec vos divisions.

— Vous êtes vendu au Roi !

— Dites que je suis dévoué à la royauté.

— Donnez votre démission !

— Je tiens mes fonctions de la confiance des électeurs et de la bonté du Roi, je ne la résignerai jamais par peur des ambitieux et des agitateurs.

— Mort à Jacques de Flesselles ! A la Seine le Prévôt des Marchands !

— C'est bien, j'irai en paradis par eau; la Seine est bonne en juillet.

Bientôt, on vint annoncer au Magistrat que le Roi le demandait au plus tôt; de Flesselles ordonna d'apprêter sa voiture. Quelques minutes après, le Prévôt descendait les degrés du palais municipal. Tout à coup, on entendit la détonation d'un pistolet, et l'on vit le Magistrat porter la main à sa poitrine, comme pour indiquer que la balle l'avait frappé là.

Un garçon de bureau, nommé Joseph, reçut dans ses bras le Prévôt des Marchands. Le fidèle serviteur comprit tout de suite qu'il était plus dangereux d'essayer de gravir les marches de l'Hôtel-de-Ville obstrué par les émeutiers que de traverser la foule atterée par cet assassinat.

Avec l'aide de plusieurs ouvriers, le domestique

porta le Magistrat jusque dans la tourelle, qu'on voyait encore, en 1850, sur la place, à l'angle de la petite rue du Mouton (1).

Arrivés là, tous fermèrent la porte, et l'on coucha le Magistrat sur une table. La balle avait pénétré par le côté gauche, puis traversé la poitrine, en perforant le poumon droit, ce qui démontrait que le coup avait été tiré de bas en haut.

Le Prévôt pria qu'on lui amenât le premier Échevin, Buffault; dès que de Flesselles le sentit près de lui, il fit un dernier effort pour se soulever : « Mon ami, murmura-t-il bien bas, allez dire au Roi que je meurs pour son service. » L'Échevin s'inclina en pleurant. — Le Prévôt avait vécu !

Mais bientôt la foule se rua sur la tourelle, y pénétra, s'empara du corps et sortit. Les émeutiers s'arrêtèrent à la rue de la Tixéranderie, descendirent le réverbère, et mirent à la place le cadavre du Magistrat.

Quand la populace l'eut bien vu pendiller, elle cria: Détachez cette guenille. — Ce fut fait. Alors un homme fendit la foule ; c'était un garçon boucher de la rue des Lombards. Il s'arma de son couteau, l'appuya sur le cou du Magistrat ; la tête se sépara du corps et l'homme dit : Ça me connaît.

(1) Cette tourelle a été vendue pour être démolie, et comme matériaux, par M. Berger, Préfet de la Seine, à l'entrepreneur Videcocq, moyennant 1,500 francs. La rue du Mouton, où se trouvait la tourelle en question, a été supprimée en 1851, pour l'agrandissement de la Place de l'Hôtel-de-Ville.

Bientôt un autre émeutier, armé d'une pique, s'avança. — Aide-moi, dit-il au garçon boucher. » Celui-ci prit la tête, celui-là poussa la pointe de la pique, et la tête s'éleva au-dessus de la foule qui trépignait de joie.

Mais le tronc restait : on passa la corde sous l'aisselle du Magistrat, avec un nœud coulant, puis on vit cahoter, sur le pavé, une masse informe de chair, de boue et de sang.

Ainsi finit le dernier et glorieux représentant d'une institution qui, pendant plus de dix siècles, avait honoré la Ville de Paris et mérité le respect de l'Europe.

LA PREMIÈRE RÉPUBLIQUE

I

L'Administration Municipale de Paris devient provinciale. — La loi du 21 mai 1790. — Les cinq comités. — La Commune de Paris. — Les massacres de Septembre : Marat en dresse le plan; Danton l'exécute. — Documents officiels.

Dans l'*avant-propos* j'ai dit : la mauvaise administration municipale de Paris, à partir de juillet 1789, s'est montrée ouvertement l'adversaire de la royauté qu'elle a fini par renverser, pour lui substituer la République.

On a vu Paris administré, dès l'enfance de cette ville et jusqu'à la Révolution, par les seuls Parisiens.

A cette administration municipale, essentiellement *parisienne*, je vais opposer l'administration *provinciale* de Paris. En effet, depuis 1789, l'élément provincial a constamment dominé dans l'administration de la Capitale.

Ce n'est pas seulement un changement de nom, une modification légère à constater, c'est un système qui succède à un système détruit, fauché — un nouveau moule à la place d'un moule brisé.

Après l'assassinat de Jacques de Flesselles, quatre

cents électeurs, qui s'étaient rendus à l'Hôtel-de-Ville, administrèrent Paris au milieu de l'agitation qui croissait à chaque instant.

Une Assemblée aussi nombreuse devait augmenter le désordre au lieu de calmer les esprits.

Le 25 juillet, cette Assemblée d'électeurs fut remplacée par une Municipalité *provisoire*, composée de cent vingt députés des districts, sous le titre de représentants de la Commune de Paris.

Sur ces cent vingt députés on ne comptait que *seize Parisiens* et pas un seul de nos anciens administrateurs.

Un décret de l'Assemblée Constituante, du 14 décembre 1789, abolit toutes les municipalités du royaume, et les recomposa sur de nouvelles bases. Ce décret donna naissance à la loi du 21 mai 1790, applicable à la Ville de Paris, qui fut divisée en quarante-huit sections.

La Municipalité se trouvait composée d'un Maire, de seize Administrateurs, de trente-deux Conseillers, de quatre-vingt-seize Notables, d'un Procureur général de la Commune, et de deux substituts. Le Maire et les seize Administrateurs formèrent *le Bureau*; les trente-deux Conseillers, réunis au Bureau, constituèrent *le Conseil municipal*. Enfin, l'on donna la dénomination de *Conseil général de la Commune* à la réunion du Conseil Municipal aux quatre-vingt-seize notables.

Le travail du Bureau était divisé en cinq départements ou Comités, savoir : 1° *Comité des Subsistances*; — 2° *de la Police*; — 3° *des Finances* ; — 4° *des Etablissements publics* ; — 5° *des Travaux publics.*

Chaque Comité avait à rendre compte de ses opérations au Conseil Municipal. Enfin la loi, établissant une force militaire, sous le nom de *Garde nationale parisienne*, donnait la direction de cette milice au Conseil Municipal. La police passait dans les attributions de la Municipalité. Le Maire et la section du bureau, dit de police, en étaient chargés, sous la surveillance du Conseil Municipal.

Telles furent les principales dispositions dont se composa la nouvelle loi.

Improprement appelée Municipale, cette loi était toute politique. Je la regarde comme la plus étrange aberration de l'esprit humain, en ce qu'elle désarmait l'autorité.

En effet, les cinq Comités d'administration se transformèrent en autant de clubs adoptant toutes les mesures proposées en haine de la Cour.

Si le *Département des Subsistances*, par son incurie, laissait la ville de Paris manquer de pain, — le Roi était le coupable.

Si le *Département de la Police* permettait à l'émeute d'ensanglanter la Capitale, le gouvernement, qu'on attaquait, avait excité l'insurrection.

Si le *Comité des Finances* négligeait la perception des contributions, le Roi avait encouragé les riches à refuser les subsides.

Si le *Comité des Etablissements Publics* laissait nos hôpitaux sans médicaments, si celui des *Travaux Publics* refusait enfin de l'ouvrage aux ouvriers de bâtiment, pour en faire des ennemis de la royauté, c'était la faute du gouvernement et du peu de confiance qu'il inspirait.

Au 10 août 1792, les quarante-huit sections qui composaient la ville de Paris nommèrent chacune un membre pour remplir les fonctions d'administrateur du département. De cette nomination et des lois des 30 août et 2 septembre, naquit la trop célèbre *Commune de Paris*, devant laquelle se courba la France entière.

Cette administration municipale était le produit complet de l'insurrection ; tous les actes officiels démontrent que les massacres de septembre furent organisés à l'Hôtel-de-Ville, comme ils prouvent que l'insurrection du 10 août avait été préparée dans ce palais municipal.

Le plan de ces massacres était l'œuvre de Marat, approuvée, puis réalisée par Danton. Ce plan fut discuté par les membre du Comité de surveillance, dans les séances des 28, 29 et 30 août, qui eurent lieu à l'Hôtel-de-Ville, vers sept heures du soir.

A ces conciliabules assistèrent plusieurs membres appartenant à d'autres comités. Dans cette sanglante tragédie, les rôles furent distribués à Panis, Lepeintre, Sergent, Lenfant, Lefort, Jourdeuil, Desforgues, Guermeur, Leclerc, Dufort, Méhée, Manuel, Billaud-Varennes, Collot-d'Herbois, Fabre d'Eglantine, Tallien, Huguenin et Hébert. Dans ces réunions tout fut préparé, puis arrêté : exécuteurs, paiements, victimes et juqu'aux emplacements où l'on devait déposer les cadavres.

Presque tous les ordres furent donnés de vive voix.

Les pages blanches du registre du Conseil-Général de la Commune démontraient suffisamment que le Comité de surveillance avait la conscience de son crime, et qu'il en redoutait la manifestation dans l'avenir. Danton seul provoqua la publicité, sans pouvoir l'obtenir.

Le lendemain des exécutions, l'ordre suivant était adressé aux égorgeurs :

« AU NOM DU PEUPLE

» Camarades,

» Il est enjoint de faire enlever les morts, de laver et de nettoyer toutes les taches de sang, et particulièrement dans les cours, chambres et escaliers de l'Abbaye. A cet effet, vous êtes autorisés à prendre des fossoyeurs, charretiers et ouvriers à la Maison Commune.

» *Signé*: PANIS, administrateur.

MÉHÉE, secrétaire greffier. »

Voici la circulaire adressée aux départements, quelques jours après les massacres de septembre. Cette circulaire est contre-signée *Danton*.

« La Commune de Paris se hâte d'informer tous les départements qu'une partie des conspirateurs féroces, détenus dans les prisons, a été mise à mort par le peuple, acte de justice qui lui a paru indispensable pour retenir par la terreur les légions de traîtres cachés dans ses murs, au moment où il allait marcher à l'ennemi; et sans doute la nation entière, après la longue suite de trahisons qui l'ont conduite sur les bords de l'abime, s'empressera d'adopter *ce moyen si nécessaire de salut public*, et tous les Français s'écrieront, avec les Parisiens : Nous marchons à l'ennemi, mais nous ne laisserons pas derrière nous des brigands pour égorger nos femmes et nos enfants. »

Maintenant les documents qui suivent sont extraits des registres du Conseil-Général de la Commune.

Séance du primidi, 21 *brumaire an II.*

« Les Comités révolutionnaires, de la section de l'Arsenal des Droits de l'Homme et de l'Indivisibilité, viennent annoncer au Conseil-Général de la Commune qu'ils se proposent de conduire, à la Convention, tous les ornements et l'argenterie de l'église Saint-Paul, ainsi que l'arche.

« Nous portons aussi, dit l'orateur, les clefs de Saint-Pierre; le paradis est ouvert, nous pouvons tous y entrer.

» Le Conseil applaudit à cette opération philosophique et en arrête mention au procès verbal. »

(*Registre de la Commune*, tome XXII, pages 13,304.)

Voici une seconde délibération qui n'est pas moins curieuse.

Séance du sextidi , 26 *brumaire l'an II de la République Française, une et indivisible.*

» L'administration des Quinze-Vingts apporte tous les objets du charlatanisme des prêtres, entre autres la fameuse chemise de Saint-Louis, qui se trouve n'être qu'une chemise de femme.

» Le Conseil-Général arrête, que cette chemise sera brûlée dans le sein du Conseil, ce qui a été exécuté sur-le-champ; et quant aux autres objets d'or et d'argent, le Conseil arrête qu'ils seront envoyés à la Monnaie.

» Mention civique de la conduite de l'administration des Quinze-Vingts; insertion aux affiches de la Commune. »

(Même registre, tome II, pages 13,345.)

Citons une troisième profanation :

COMMUNE DE PARIS.

Conseil-Général du 1er frimaire an II.

« Le Conseil entend lecture du procès-verbal du dépouillement de la châsse de Sainte-Geneviève, et arrête que ce procès-verbal sera envoyé à toutes les sections, ainsi qu'au Pape. Arrête, en outre, que les ossements et les guenilles qui se sont trouvés dans cette boîte seront brûlés sur-le-champ, sur la place de Grève, pour y expier le crime d'avoir servi à propager l'erreur et à entretenir le luxe de tant de fainéants ! »

La dépouille de cette châsse a produit vingt-trois mille huit cents livres.

« Un membre observe que ce produit lui semble bien médiocre, attendu que l'on pouvait à peine supporter l'éclat du brillant de cette châsse.

» Le rapporteur répond que tous les objets qui l'ornèrent sont encore en nature, et que la majeure partie des diamants sont faux, et notamment le fameux bouquet, dont le prix serait inestimable s'il était en pierres fines.

» Le Conseil arrête que les sections seront invitées à nommer des commissaires pour vérifier si lesdits objets sont dans le même état qu'avant le transport de cette châsse à la Monnaie. »

La confiance en la probité n'étant pas la vertu civique des révolutionnaires de cette époque, et le produit du reliquaire étant fort inférieur aux espérances conçues, les spoliateurs eux-mêmes se déclarèrent spoliés.

Le *Moniteur*, pour tranquilliser ces honnêtes gens, dut faire, le lendemain, un appendice à son bilan de la veille.

Cet appendice le voici :

RÉPUBLIQUE FRANÇAISE

COMMUNE DE PARIS

Addition à la séance du 1er frimaire.

« Chaumette annonce que plusieurs individus, attachés à la direction des Monnaies, accusés de malversations, ont été incarcérés.

» Le Conseil arrête qu'il sera défendu de laisser sortir les cendres de cet établissement, qu'elles n'y aient été lavées, et que leur produit tournera au profit de la République. »

Avant de rappeler l'abandon dans lequel cette administration laissait tous les différents services municipaux, faisons connaître la manière dont cette étrange Édilité qui, pour l'honneur de Paris, n'était pas parisienne, protégeait les Beaux-Arts.

Séance du deuxième jour du second mois de l'an II de la République.

« Le Conseil-Général, informé qu'au mépris de la loi, il existe dans plusieurs rues de Paris des monuments du fanatisme et de la royauté ; considérant qu'il est de son devoir de faire disparaître tous les monuments qui alimentaient les préjugés religieux et ceux qui rappellent la mémoire exécrable des Rois, arrête : Que, dans huit jours, les gothiques simulacres des Rois de France qui sont placés au portail de la ci-devant église Notre-Dame, seront renversés et détruits, et que l'administration des Travaux publics sera chargée, sous sa responsabilité, de lui rendre compte du présent arrêté. Arrête, de plus, que toutes les autres effigies religieuses qui existent dans les différents quartiers de Paris, seront enlevées ; que tous les marbres, bronzes, etc., sur les quels sont gravés les arrêts du parlement contre les victimes du despotisme et de la férocité des prêtres, seront également anéantis. »

(Registres de la Commune, tome XXI, pages 13, 145.)

Rappelons un autre arrêté qui, seul, ferait comprendre le sanglante mission que cette étrange Édilité entendait exercer.

Séance du 23 *août* 1793

Le procureur de la Commune entendu, le Conseil arrête que la guillotine sera dressée, jusqu'à ce qu'il en ait été autrement ordonné, à l'exception néanmoins du coutelas, que l'exécuteur des hautes-œuvres sera autorisé d'enlever après chaque exécution,

(Mêmes registres, tome IX, page 350.)

II

Les Cimetières de Paris pendant la Terreur. — Le bilan de la popularité des Maires de Paris. — Origine de 240 membres de la Commune ; 12 Parisiens seulement ; ce qu'ils étaient. — Les exécutions. — Les affiches. — Les clubs. — Les théâtres. — Un couplet de vaudeville. — Physionomie de la ville de Paris en 93.— Les citoyennes révolutionnaires.

Pendant la Terreur, la Ville de Paris compta plusieurs cimetières destinés à recevoir les restes des condamnés ; l'un, situé à l'ouest, servait de déversoir à la guillotine en permanence sur la place de la Révolution (aujourd'hui de la Concorde); l'autre fut établi à l'est pour les suppliciés de la place du Trône renversé. Enfin, la Commune en forma un troisième comme il sera dit tout à l'heure.

Le premier de ces cimetières avait son entrée dans la rue de la Ville-l'Évêque, et dépendait de l'ancienne église de la Madeleine. Cette église, devenue propriété nationale, fut vendue le 4 pluviôse an V (23 janvier 1797). Ce cimetière, qui touchait à l'édifice religieux, avait été conservé dans le but de l'affecter spécialement aux condamnés politiques.

Mais le couteau de la guillotine fonctionnait si rapidement, que le pavé de la rue Ville-l'Évêque était constamment imprégné de sang; puis ce charnier se trouvait dans le voisinage trop immédiat de la place de la Révolution.

Cette double circonstance, mentionnée dans un rapport du Commissaire de police de la section du Mont-Blanc, motiva la suppression de l'ancien cimetière de la Madeleine, qui était devenu, écrivait le magistrat « le sujet des diatribes des aristocrates et des contre-révolutionnaires. »

Ce cimetière ne fut pas fermé pour cause d'encombrement, comme plusieurs historiens l'ont prétendu, par la raison, qu'on s'empressait, dès qu'une tranchée était remplie de cadavres, de la couvrir d'une couche de chaux vive, qui permettait le renouvellement très-fréquent de la même opération.

En effet, 52 tranchées ont été successivement établies; comme on plaçait méthodiquement 45 cadavres par tranchée, le cimetière de la Madeleine, avec sa chaux vive, a dû absorber 2,340 victimes.

Avant la fermeture de ce triste établissement, la Commune avait fait choix, pour l'ouest de la Ville, d'un nouvel emplacement, à l'extrémité du faubourg de la petite Pologne.

Sur le plan de Verniquet, publié avant 1789, on voit que la rue du Rocher s'arrêtait à la rue de la Bienfaisance, et que le surplus de la voie jusqu'à la barrière s'appelait *rue d'Errancis.*

Près de l'ancien mur d'octroi, à la rencontre de la rue d'Errancis et de celle de Valois, on voyait au commencement de la révolution, un vaste terrain ayant la forme d'un carré long, qui se trouvait limité, à l'ouest par le mur du parc de Monceau.

La Commune de Paris fit abattre les ormes plantés dans ce terrain pour en faire un cimetière en remplacement de celui de la Madeleine.

Charlotte Corday fut une des premières victimes dont les restes ont été inhumés dans le cimetière d'Errancis.

Philippe-Égalité n'avait pu faire oublier que pour un temps, le duc d'Orléans. Le cadavre du prince fut enterré, dit-on, au pied du mur de son parc de Monceau.

La fosse qu'on creusa pour recevoir les restes de Robespierre, Saint-Just, Fleuriot-Lescot, Payan, Vivier et autres victimes du 9 thermidor, fut établie au nord du cimetière, le long du mur de l'ancien chemin de ronde de Clichy, réuni maintenant au boulevard de Monceau.

On comptait vingt-deux troncs dans deux tombereaux (les têtes avaient été mises séparément dans un grand coffre); puis le cadavre de Lebas, le seul qui fût au complet. Les frais de transport et d'inhumation s'élevèrent à **193** livres, plus **7** livres données comme pourboire aux fossoyeurs, y compris l'acquisition de chaux vive, dont une couche fut étendue *sur les restes des tyrans pour les empêcher de les diviniser un jour.*

Si des ossements ont été trouvés récemment en cet endroit qui servait de bal public, ces restes ne provenaient que de suppliciés vulgaires; la Commune ne pouvait craindre qu'on en fît des reliques,

Le cimetière d'Errancis fut fermé quelque temps après, et vendu plus tard par le domaine national.

Le prolongement de la rue de Malesherbes jusqu'au boulevard de Monceau est venu dernièrement absorber la plus grande partie du cimetière d'Errancis. — Voilà pour l'ouest de Paris.

Mais on guillotinait avec le même entrain à l'est de la ville.

A l'extrémité du Faubourg Antoine (on supprimait les saints comme on coupait les têtes), sur le côté droit de cette grande voie, commence une rue qui n'était, sous la Terreur, qu'un long chemin sinueux aboutissant au chemin de ronde de Reuilly. Ce chemin s'appelait alors et se nomme encore aujourd'hui rue de Picpus. A peu près aux deux tiers de cette ruelle, on voyait un grand bâtiment entouré d'un vaste jardin. C'était un ancien couvent de religieux de Saint-François, vulgairement appelés *les Piques-Puces*.

D'où venait cette étrange dénomination ? Vers l'année 1602, un mal épidémique assez singulier se manifesta dans les environs de Paris ; de petites tumeurs blanches se déclarèrent sur les bras et sur les mains des femmes: la légende ajoute des jeunes principalement. Ces petites tumeurs présentaient le caractère de légères morsures faites par un insecte venimeux.

Une certaine abbesse de Chelles fut atteinte de ce mal d'aventure.

Un jeune Fransiscain se présenta chez l'abbésse, s'agenouilla devant elle, versa sur son bras une liqueur parfumée. — La guérison fut complète. On cria tout de suite au miracle. Quelques nonnes du même couvent ayant ressenti le même mal, le Fransiscain opéra toujours avec un succès semblable.

Le secret s'échappe des murs du cloître ; les religieuses sont femmes.

Les paysannes et leurs filles s'adressèrent au même docteur. Mais le jeune Franciscain trouvant la tâche moins agréable ou plus difficile que les cures merveilleuses si heureusement obtenues au cloître de Chelles, appela ses frères à son aide ; tous se mirent à l'œuvre, et grâce à Dieu l'épidémie disparut. Comme le signe inflammatoire du mal ressemblait à la tumeur produite par l'insecte dont le nom est si populaire, on appela les religieux de Saint-François frères *Pique-Puces*, dont on a fait, par altération, Picpus.

Supprimé vers 1790, le couvent de Picpus, dont l'entrée était au n° 59 de la rue de ce nom, devint propriété nationale; les bâtiments et terrains qui contenaient, en superficie, 18,538 mètres, furent vendus le 8 thermidor an IV (26 juillet 1795.)

Mais alors que ce couvent était domaine national, la Commune de Paris l'affectait à l'usage que voici :

Séance du 26 prairial an II (14 juin 1794).

«Sur le rapport des administrateurs des Travaux-publics relativement à la nécessité d'établir un cimetière pour recevoir les cadavres de ceux que le glaive de la loi a frappés, que cet établissement pourrait avoir lieu dans un terrain provenant des ci-devant Chanoines de Picpus, et qu'il était d'une si grande urgence, qu'il ne pouvait y être apporté le moindre retard.

» Le Corps Municipal, l'agent national entendu, arrête la formation dudit établissement dans le lieu ci-dessus énoncé; autorise les administrateurs des Travaux-publics, à donner des ordres provisoires pour sa prompte exécution, sauf à faire un rapport au prochain Corps Municipal. (Registre 43 du Corps Municipal, page 7,561.)

Voici un autre document officiel concernant le cimetière de Picpus. Nous le transcrivons en conservant l'orthographe de ce curieux procès-verbal.

SECTION DES QUINZE-VINGTS

Conseil civil et de police.

Observations que font au département des Travaux-publics les citoyens *Gillet*, commissaire de la police de la section de Montreuil; *Almain*, commissaire de la section de l'Indivisibilité, et *Renet*, de la section des Quinze-

Vingts, dans l'arrondissement de la quelle se font, au haut du faubourg Antoine, les exécutions et inhumasions des condamnés par le tribunal révolutionnaire et à cette occasion.

1° Sur la place de l'exécution on a creusé un troux d'environ une toise cube où s'écoule le sang des suppliciés et l'eau avec laquelle on lave la place. Ce troux est presque plein et jette une odeur pestiféré dont tous les habitants environnants se pleigne grandement ; il conviendroit combler ce troux et en faire un autre auprès plus profond ou lon rencontra une terre ou ce sang s'imbiba.

2° De la place de l'exécution au cimetierre il n'existe qu'un chemin le long du mur de clôture en dedans, lequel n'étant pas pavé est inpraticable surtout aux nouveaux tombereaux qui transportait les cadavres des suppliciés au cimetierre ; ses tombereaux ayant des roues très basses, sengrave dans les sables et les terres mouvantes de ce chemin, et les font demeuré malgré le nombre de chevaux que lon y peut atteller ; il conviendroit faire paver une étroite chaussée le long de ce mur qui alla jusqu'au dit cimetierre, ce qui peut être évalué à 200 toises superficielles de pavé.

3° Dans le cimetierre il est de tout impossibilité de pouvoir verbaliser, le plus souvent de nuit à l'injure de l'air à la pluie ou quant il vante à ne pouvoir tenir de lumière.

Comme il existe dans ce cimetierre une grotte toute couverte et close en partie, il ne s'agit plus que de mettre deux petits chassis et de clore par devant et fermer d'une porte la ditte grotte, alors on pourra dresser à couvert létat exact des effets des suppliciés, on pourra la sur une tablette laisser le registre y avoir plume encre et y tenir de la lumière, toute la dépense de cette cloture nira jamais à 50 livres et une seule redingotte oublié peut être souvent une perte de cent livres pour la nation et quant il pleut averse ou vante on peut en échapper beaucoup.

Ces observations étante du plus justes et l'exécution du plus urgentes, il convient que les citoyens administrateurs s'en occupent promptement et donne leurs ordres en conséquence,

Signé: GILLET, ALMAIN et RENET.

(A Paris, ce 21 Messidor l'an 2 de la République Française une, indivisible et impérissable.)

Voici la copie d'une lettre dont la publication n'est pas sans intérêt :

CIMETIÈRE DES SUPPLICIÉS DE PICPUS.

Je m'empresse de donner au département des Travaux publics communication des mesures renfermées dans un rapport de Coffinet, relativement à la sépulture des suppliciés, et qu'il croit indispensables pour prevenir toute espèce d'odeur méphitique. Cet inspecteur qui est descendu dans la fosse établie à Picpus, y a éprouvé une odeur qu'il est important d'atténuer par tous les moyens possibles. Celui qu'il propose, en ce moment, consiste à établir sur cette fosse un plancher en charpente sur lequel on pratiquera des trappes pour la facilité du service. Ce moyen est le seul que l'on puisse employer pour concentrer dans cette fosse les émanations dangereuses qui pourraient en sortir sans cette précaution.

« Il existe un autre foyer de corruption qui n'a point échappé à la surveillance de cet inspecteur, et que je crois de nature à être pris en très-grande considération par le département des Travaux publics. Au lieu même de l'éxécution, place de la Barrière-renversée, il a été pratiqué un trou destiné à recevoir le sang des suppliciés. Quand l'exécution est terminée, on se borne à couvrir le trou avec des planches, ce qui est insuffisant pour renfermer l'odeur résultant du sang corrompu, et qui s'y trouve en assez grande quantité pour faire naître une odeur méphitique. Le citoyen Coffinet pense que, pour supprimer toute espèce d'exhalaison meurtrière dans la saison actuelle, il serait convenable d'établir, sur une petite brouette à deux roues, un coffre doublé d'une feuille de plomb, dans lequel tomberait le sang des suppliciés, qui serait ensuite versé dans la fosse de Picpus. Le département des Travaux publics s'empressera sans doute d'adopter cette dernière mesure, et je l'y exhorte d'autant mieux que le lieu du supplice et celui de la fosse n'étant pas très-éloignés l'un de l'autre, il serait possible que ces exhalaisons s'attirassent entre elles, et vinssent à produire un foyer de méphitisme d'autant plus dangereux que dans cette hypothèse, elles ne laisseraient pas d'embrasser une grande étendue de l'atmosphère. J'attends sur les dispositions qui font l'objet du présent rapport, les ordres du département. »

L'architecte de la Commune.

Signé : Poyet.

(Paris, le 21 messidor, l'an II de la République une et indivisible.)

Les trois cimetières dont nous venons de parler étaient considérés, par la Commune, comme des cimetières *fixes*. D'autres furent improvisés pour les besoins de cette sanglante administration municipale.

Ainsi, lors des massacres de septembre, un grand nombre de victimes furent enfouies dans une excavation près de la Tombe-Issoire, et communiquant avec les Catacombes. Lorsque cet immeuse trou fut plein, on le couvrit de terre et tout fut dit.

Les cadavres d'autres condamnés furent portés aussi

dans le cimetière *Sainte-Catherine* qui remplaça, vers la fin de l'année 1792, le cimetière de Clamart, fermé pour cause d'encombrement.

L'entrée du cimetière Sainte-Catherine était rue des Francs-Bourgeois, n° 2, à l'angle de la rue des Fossés Saint-Marcel. Dans ce cimetière se trouvait un puits très-profond dans lequel on jetait les victimes. L'emplacement de ce cimetière a été vendu par l'administration de l'Assistance publique, en novembre 1867, à la société Mathieu et Pauchet, pour l'ouverture du boulevard Saint-Marcel.

Les historiens sont loin d'être d'accord sur le nombre des victimes pendant la Terreur. Celui qui nous paraît le plus digne de foi est, sans contredit, M. Barrière, qui, par sa position de chef de division à l'Hôtel-de-Ville, a pu se procurer des documents qui n'étaient pas à la disposition des autres écrivains. M. Barrière a fixé le nombre des victimes à plus de 10,000.

Il est un fait certain : c'est la constante préoccupation des membres de la Commune à faire disparaître les traces de ces exécutions par l'emploi incessant de la chaux vive toujours répandue sur chaque couche de cadavres.

La Commune n'était pas le moins du monde une administration municipale ; c'était un État dans l'État. Elle dominait aux Jacobins, et faisait mouvoir à son gré les sections les plus exaltées. Elle commença, pour s'épargner des contradicteurs, par envoyer à l'échafaud les anciens magistrats qu'elle avait expulsés de l'Hôtel-de-Ville. Lorsqu'il lui plaisait d'arracher, par la force, à la Convention nationale ceux des membres de cette Assemblée qu'elle destinait à la guillotine, la Commune de Paris faisait bloquer la Convention par les baïonnettes et les piques des sections des Gravilliers, des Enfants-Rouges, des Droits-de-l'Homme, du Faubourg-Antoine, de la Fidélité, du Bonnet-Rouge, de Mutius-Scœvola, des Sans-Culottes, du Finistère et de Saint-Marceau.

La ville de Paris comptait à cette époque 600,000 habitants à peu près; or, ces dix sections ne renfermaient qu'une population de 150,000 âmes; la minorité faisait donc la loi à la majorité. Ces Dictateurs municipaux dominaient la France par la Convention que la Commune de Paris asservissait.

Du 16 juillet 1789 au 28 juillet 1794, la Capitale compta cinq premiers magistrats sous le nom de Maires de Paris. Sur les cinq, il y en eut trois qui jouirent de la plus grande popularité.

Le premier, Jean-Sylvain *Bailly*, surnommé *le Père la Vertu*, trois mois de popularité, ensuite l'indifférence, puis la haine. — Guillotiné sur un tas d'ordures après cinq heures d'insultes et d'agonie.

Le second, Jérôme *Pétion* de Villeneuve, que le peuple, qui se mirait dans son Maire, appelait le Roi Pétion; deux mois de popularité, passe de mode, est détesté, mis hors la loi. Bientôt il est poursuivi, traqué comme une bête fauve, et forcé de se cacher dans un hameau de la Gironde. Un matin, des sarcleurs trouvèrent çà et là dans un champ de blé, des ossements humains mêlés à des lambeaux de vêtements. — Voilà tout ce qui restait du Roi Pétion!

Le troisième favori, *Fleuriot Lescot*, guillotiné à trente-trois ans avec Robespierre. La veille du supplice de son Maire, le peuple, voyant passer le Magistrat, le saluait, en criant : vive Fleuriot! vive l'honnête homme.

Le lendemain, autour de la charette qui conduisait à l'échafaud le Maire de Paris, on entendait : à bas la canaille!

Tel est le bilan de la popularité, en temps de révolution.

A force de patience et de travail, je suis parvenu à connaître l'origine de 223 membres de la Commune de Paris. Ils sont classés ainsi qu'il suit : Provençaux, 31 ; Lyonnais, 21 ; Artésiens, 19 ; Auvergnats, 18 ; Champenois, 17 ; Bretons, 16 ; Normands, 17 ; Limousins, 15 ; Bordelais, 14 ; Suisses, 12 ; Piémontais, 11 ; Prussiens, 5 ; Danois, 3 ; Autrichiens, 6 ; Italiens, 3 ; Américains, 2 ; Suédois, 1 ; *Parisiens*, 12,

Comme on le voit, l'élément parisien se trouvait tellement amoindri qu'il ne devait exercer aucune heureuse influence. D'ailleurs, il ne pouvait avoir la prétention de représenter la grande famille parisienne. Ces 12 parisiens étaient ainsi classés par profession : Chirurgiens, 3 ; Avocats, 2 ; Boucher, 1 ; Geôlier, 1 ; Savetier, 1 ; Marchand de chiffons, 1 ; Épicier, 1 ; Marchand d'abats, 1.

Des reçus de sommes payées aux égorgeurs de septembre ont passé sous mes yeux. Au bas de ces acquits, un certain nombre de signatures sont illisibles. Plusieurs de ces assassins ne sachant pas écrire ont fait une croix à la place de leurs noms, une croix pour acquit du sang versé !

Sur 18 égorgeurs, dont j'ai pu déchiffrer les noms, 12 sont morts à Paris, ainsi que pouvaient le constater les registres de l'État-Civil que l'incendie vient de dévorer. Voici qu'elles étaient les professions de ces misérables : Bouchers et Étaliers, 3 ; Coiffeurs, 2 ; Commissionnaires, 2 ; Pâtissier, 1 ; Épicier, 1 ; Chaudronnier, 1 ; Tailleur de pierres, 1 ; Maçon, 1.

Sur les 18 égorgeurs, 2 seulement étaient Parisiens : l'un exerçait la profession de coiffeur, l'autre était un ancien saltimbanque, lequel, dans son interrogatoire, déclara s'appeler Morel, et être retiré des affaires.

On sait que Simon, le geôlier du Temple, devint membre de la Commune de Paris ; son Procureur-Syndic, Chaumette, avait été souteneur de filles et vendeur de contremarques, à la porte des petits théâtres des boulevards.

On finit par tuer pour tuer, par habitude, par désœuvrement. Lorsque la Commune de Paris, cette pourvoyeuse de la guillotine, ne trouva plus de têtes de poëtes, de généraux, de savants et d'artistes à faire prendre dans cet engrenage, elle chercha parmi les plus humbles bourgeois et les plus simples ouvriers et artisans.

Ainsi, au nombre des bulletins d'exécution on en trouve un concernant le nommé *Costerousse*, maçon, accusé d'incivisme. Il avait dit : « J'aimerais mieux faire mon état comme par le passé que de recevoir 40 sous pour applaudir, par ordre, à la Convention.

Un autre *Collinet*, coiffeur, avait eu l'audace ne blâmer les cheveux à la Titus, en soutenant que la poudre allait mieux au visage des jolies femmes. — Guillotiné!

Une bouquetière, Simone *Bertaut*, apprenant le supplice de la Reine, se mit à pleurer en disant: «On devrait au moins épargner les femmes. » — Guillotinée.

Un nommé *Simon Parfait*, tailleur, trop amoureux de sa profession, avait osé dire : « Il vaudrait mieux allonger les vestes pour en faire des habits, que de rogner ces derniers pour les réduire en vestes. » — Guillotiné!

Marie-Louise de Laval, duchesse de Montmorency, dernière abbesse de Montmartre, sur une dénonciation de la Commune de Paris, comparut le 5 thermidor, an II (20 juillet 1794), devant le tribunal révolutionnaire. Elle était accusée de participation à un complot ourdi par les prisonniers contre la Convention.

Cette pauvre dame, d'un âge avancé, était aveugle et sourde. Comme un des jurés faisait remarquer à l'accusateur public cette double infirmité en faveur de l'accusée : « Eh! qu'importe? répondit Fouquier-Tainville, elle a conspiré *sourdement*. — Guillotinée le même jour sur la Place du Trône renversé.

Toutes les professions comptèrent des victimes sous la Terreur; les Vaudevillistes seuls furent épargnés; mais on peut dire qu'ils frisèrent la guillotine. Il fallait, avant tout, composer des pièces flattant l'opinion du jour, *des pièces de circonstance*. Parfois les auteurs se permettaient des restrictions qui amenaient des scènes tumultueuses au préjudice des écrivains.

C'est ce qui arriva à Barré, Radet et Desfontaines, au sujet de leur *Chaste Suzanne*. Le public crut trouver dans cet ouvrage des allusions au procès de la Reine Marie-Antoinette. Au moment ou le Magistrat dit aux deux vieillards accusant Suzanne : «Vous êtes ses accusateurs, vous ne pouvez être ses juges, » un tonnerre d'applaudissements mêlés de sifflets ébranla le théâtre, et bientôt le tumulte devint si effroyable, qu'on fut obligé de faire évacuer la salle.

Comme il arrive d'ordinaire que les gouvernements qui se prétendent issus de la liberté, n'en tolèrent pas l'usage, les auteurs de la pièce furent emprisonnés sans façon. Toutefois on daigna leur faire comprendre que s'ils voulaient s'épargner le désagrément de la guillotine, il fallait composer, en forme d'expiation, un vaudeville républicain.

Les descendants d'Olivier Basselin se mirent prudemment à l'œuvre et firent représenter un vaudeville ayant pour titre : *Au retour*. Dans cette pièce une actrice, nommée Laporte, chantait le couplet suivant :

Si j' fais un amant, dit Manon,
Je veux que c' soit un bon luron,
Qui soit un bon patriote.
L'âge et la mise n'y f'raient rien ;
Mais pour son bien comm' pour le mien
J' laim'rais mieux sans culotte.

Paris, sous la Terreur, présentait un spectacle singulier. La ville joyeuse, spirituelle, artistique par excellence, avait disparu. Plus de riches magasins, plus de carrosses, plus de gentilshommes, plus de belles dames, plus d'étrangers, qui font la fortune et la joie d'une grande Cité. Le commerce était languissant et l'industrie morte. Paris tremblait la fièvre. Tous les hommes se ressemblaient par la tournure et le vêtement, comme s'ils eussent été fondus dans le même creuset. Pour la plupart, ils étaient coiffés de cet ignoble bonnet rouge, qui donnait à Paris l'aspect d'une succursale du bagne de Toulon.

Les femmes portaient, à cette époque, des bonnets à barbes; sur le côté gauche de la tête figurait une grande cocarde tricolore, et parmi les joyaux qui pendaient à leur cou, se balançait une petite guillotine devenue singulièrement à la mode.

Les passants paraissaient affairés, soucieux, irrités. Des porteurs de journaux, à la voix rauque, avinée, criaient :

Il est bougrement en colère
Aujourd'hui le Père Duchesne !

D'autres annonçaient :

Les lots gagnés à la loterie de Sainte-Guillotine !

C'était la nomenclature funèbre des condamnés à mort par le tribunal révolutionnaire.

Plus loin, les sons discordants d'un orgue accompagnaient ce couplet chanté par une prostituée de carrefour, peu de temps avant l'exécution de la Reine.

Madame Veto avait promis
De faire égorger tout Paris;

Mais son coup a manqué
Grâce à nos canonniers.
Dansons la carmagnole !
Au bruit du son du canon.

Des milliers d'affiches salissant les façades des maisons, arrêtaient les passants qui se pressaient pour les lire ; en voici une qui date de l'installation de la Commune, quelques jours après les massacres de Septembre.

« Citoyens.

» Les vieux Édiles parisiens voulaient faire de Paris la ville du luxe, de la richesse et des plaisirs ; que par la volonté de ses nouveaux Magistrats, Paris devienne une vaste Cité ouvrière, la ruche de la France. Tout le secret de la situation consiste à mettre dessus ce qui était dessous. Les riches dominaient autrefois par le nombre ; place aux pauvres maintenant ; qu'ils dominent à leur tour... »

DANTON.

Reproduisons une seconde affiche encore plus accentuée.

« Sans culottes, mes frères,

» Vous avez décapité Capet l'imbécile, guillotiné la Messaline Autrichienne, sa femme, — cela est bien ; mais il reste encore beaucoup à faire. Si le commerce languit, c'est que le riche cache son or, — supprimez le riche. Si le pain est cher et la viande hors de prix, c'est la faute des accapareurs, — exterminez les accapareurs. Si la République est énervée, c'est qu'il reste encore des nobles et des ci-devant prêtres conspirant dans l'ombre. La République ne sortira triomphante que le jour où vous aurez étranglé le dernier aristocrate avec les boyaux du dernier des prêtres. »

20 brumaire an II. VARLET.

Les femelles de ces bêtes fauves ne valaient pas mieux que leurs mâles. Pendant plusieurs mois, la Commune affecta 300 livres par jour au paiement de 200 *tricoteuses*, dont la mission consistait à stationner autour de l'échafaud pour insulter les victimes et applaudir quand les têtes tombaient. On appelait ces mégères des tricoteuses, parce qu'elles tricotaient des bas à leurs hommes, en attendant les condamnés. Il y avait une escouade de tricoteuses en permanence dans les tribunes de la Convention ; celles-là devaient applaudir ou murmurer selon les signes que leur faisait le citoyen Mercandier, ex-chef de claque au théâtre des Sans-Culottes.

Mais la fine fleur des citoyennes s'épanouissait dans les clubs ; on en comptait trois dans Paris pour cette belle moitié du genre humain. Le plus important était le club des *citoyennes révolutionnaires* ; il se tenait dans l'église Saint-Eustache, dédiée à l'agriculture.

Voici l'extrait du procès-verbal de la séance du 3 frimaire, an II.

Présidence de la citoyenne LACOMBE.

(C'était une ancienne actrice qui avait été blessée au poignet, en combattant au 10 août.)

La citoyenne Cornélie a la parole.

« La révolutien, dit-elle, à fait l'homme libre, elle laisse la femme esclave. Pour sortir d'une situation aussi injuste , qu'humiliante, j'ai rédigé un projet de pétition dont les principales dispositions sont ainsi résumées :

1° Qu'il soit fait une déclaration des droits de la femme à l'instar des droits de l'homme. (Approbation.)

2° Qu'il soit créée une deuxième Convention Nationale, uniquement composée de citoyennes, et que les lois adoptées par la Convention (hommes) soient approuvées ou rejetées par la Convention (femmes).

Applaudissements prolongés.

3° Que les femmes soient déclarées aptes à exercer toutes les fonctions publiques concurremment avec les hommes. (Applaudissements frénétiques.)

4° Que les citoyennes, accusées de délits ou de crimes, soient jugées par un tribunal de femmes.

5° Que les hommmes reconnus coupables de séduction à l'endroit des femmes, avec suites apparentes, soient condamnés à épouser leurs victimes. (Explosion unanime d'approbation.)

6° Pour permettre aux citoyennes l'exercice de leurs droits, que les enfants, dès leur naissance, soient confiés à la République qui, dans sa sollicitude, créera un vaste établissement à Paris, avec succursales dans les provinces, pour élever, instruire la nouvelle génération, qui grandira dans l'amour de la révolution, dans la haine de la royauté et du fanatisme. (La citoyenne Cornélie reçoit les félicitations de toute l'assemblée.)

Quelque temps après, il est juste de le rappeler, cette singulière société fut dissoute, après un discours de Robespierre, dans lequel on remarque la phrase suivante :

« Cette réunion ne saurait durer plus longtemps, parce qu'elle prête au ridicule et aux propos malins. »

III

L'Administration de la Ville de Paris sous la première République. — La Capitale est un immense bourbier. — Ce qu'on appelle le pain et la viande.— Paris est dans les ténèbres. — Ce qu'on fait des Eglises. — La nouvelle nomenclature des Rues de Paris. — Les couvents sont supprimés et déclarés propriétés nationales; leur aliénation.—Facilités données à l'Administration Municipale dans l'intérêt de l'amélioration de Paris. — L'ignorance des magistrats improvisés frappe de stérilité la plus grande partie des clauses domaniales au profit de la voie publique.

Maintenant, il me faut aborder la question purement administrative.

Comme on l'a vu dans *l'Introduction historique*, c'est grâce à la science administrative de nos anciens et dignes Échevins, que la ville de Paris a dû sa prééminence sur les autres Cités.

Sous la première République, non-seulement on n'admet pas la science administrative, mais encore on la déclare suspecte. Il lui faut des hommes nouveaux. On ne leur demande pas ce qu'ils savent, encore moins d'où ils viennent.

Voici un apothicaire qui, toute sa vie, n'a manipulé que des drogues; voilà un perruquier, il n'a jamais coupé que les cheveux à la Titus, sans s'être compromis à poudrer les têtes des aristocrates; celui-ci est un geôlier aussi dur que les verroux de la prison dont il est le Cerbère ; celui-là se dit architecte parce qu'il a fait commerce des pierres de la Bastille. Tous ces citoyens sont de chauds patriotes ; la République en fait des administrateurs. Voyons-les à l'œuvre. Paris est un immense bourbier ; plus de nettoiement des rues. L'eau manque. Le pain est si mauvais qu'un magistrat de la section de l'Indivisibilité écrit au Comité des subsistances : « *qu'en jetant un morceau de cette pâte contre un mur, il y reste collé.*

En effet, dans la fabrication de ce pain, il n'entrait qu'une petite quantité de farine, avec du son et de la paille hachée. Dès trois heures du matin, on faisait queue à la porte des boulangers qu'on pendait parfois haut et court aux barreaux qui fermaient à cette époque la devanture de leurs boutiques.

Quant à la viande de boucherie, les contraventions signalées par les Commissaires de Police sont innombrables ; en reproduisant ce procès-verbal, je pourrai m'abstenir de tout commentaire.

« Je soussigné, Commissaire de Police de la section de Montreuil, appelle l'attention des citoyens membres du Comité des subsistances *sur un abus invétéré*, au sujet de toutes sortes de viandes malsaines qui se vendent publiquement dans les rues de Paris, sous les portes cochères et allées. Plusieurs fois, j'ai fait saisir et analyser ces viandes qui ne sont autres que des morceaux de cheval ou des débris de chiens ou de chats, *pour la plupart putréfiés.*

A Paris, ce 21 messidor l'an II de la République, une, indivisible et impérissable. GILLOT.

Quant à l'Éclairage des rues de Paris, les réclamations étaient incessantes, et le plus clair c'est qu'on n'y voyait goutte.

Sait-on à quoi s'amusaient les membres de la Commune dans les courts instants qu'ils dérobaient aux discussions politiques ? Ils modifiaient la nomenclature des voies publiques et des établissements de la Capitale, de la façon qu'on va voir.

La Place de l'Observatoire prenait le nom de *Place de l'Ami du Peuple*; la rue de l'École-de-Médecine, celui de *rue Marat* ; le carrefour de la Croix-Rouge était appelé *Carrefour du Bonnet-Rouge*; la Place Vendôme, *Place des Piques* ; celle du Marché Saint-Jean, *Place des Droits-de-l'Homme* ; le collége Saint-Louis , *Collége-Égalité* ; l'Hospice de l'Accouchement, *Maison de Port-Libre* (singulière appellation pour une maison servant alors de prison) ; la rue Guisarde, *rue des Sans-Culottes*, etc. En ce qui concerne les rues Saint-Antoine, Saint-Denis, Saint-Martin, Saint-Jacques, etc., on avait raccourci leurs noms ; on appelait ces voies publiques *rues Antoine, Denis, Martin et Jacques.*

Quant aux églises, l'ancienne basilique de Notre-Dame était consacrée à *la Raison* ; Saint-Philippe du-Roule, à *la Concorde* ; Saint-Roch, *au Génie* ; Saint-Eustache, à *l'Agriculture* ; Saint-Germain-l'Auxerrois, à *la Reconnaissance* ; Saint-Laurent, à *la Vieillesse* ; Saint-Nicolas-des-Champs, à *l'Hymen* ; Saint-Merri, *au Commerce* ; Sainte-Marguerite, à *la Liberté et à l'Égalité* ; Saint-Gervais, à *la Jeunesse* ; Saint-Thomas-d'Aquin, à *la Paix* ; Saint-Sulpice, à *la Victoire* ; Saint-Jacques-du-Haut-Pas, à *la Bienfaisance* ; Saint-Médard, *au Travail* et Saint-Étienne-du-Mont, à *la Piété filiale*.

On faisait de la poudre à canon dans Saint-Severin, et Sainte-Élisabeth servait de magasin de farine ; ces deux édifices religieux ne portaient aucun nom allégorique.

Bien que Saint-Gervais eût été consacré à la Jeunesse et Saint-Eustache à l'Agriculture, un club de maçons de la rue de la Mortellerie tenait ses séances dans la première de ces deux églises, et les citoyennes révolutionnaires, comme nous l'avons dit, s'étaient installées dans la seconde.

L'administration municipale, au lieu de se livrer entièrement à la politique, eût été mieux inspirée en s'occupant des améliorations de la Ville de Paris. L'occasion était on ne peut plus favorable ; elle avait à sa disposition tous les éléments nécessaires à la transformation de la Capitale.

En effet, le 2 novembre 1789, l'Assemblée Constituante supprimait les ordres monastiques, et déclarait les biens du clergé propriétés nationales et aliénables.

A cette époque, on comptait dans Paris trois abbayes d'hommes, six de femmes ; quarante-trois couvents ou communautés d'hommes ; soixante-cinq couvents ou communautés de femmes. A ces établissements, parmi lesquels il s'en trouvait qui surpassaient en étendue des villes de second ordre dans nos provinces, il faut ajouter un nombre infini de maisons et de terrains appartenant à ces communautés religieuses. L'État s'était également emparé des immeubles considérables provenant d'émigrés, de condamnés, des frères du Roi, du domaine de la Ville, etc. Enfin pour bien comprendre la situation, il est utile de rappeler que la Capitale renfermait alors une superficie de 33,703,307 mètres, sur lesquels plus de 4,000,000 étaient devenus propriétés nationales.

Il demeure entendu que je ne discute pas ici la question de savoir, en cette circonstance, si l'État était devenu légitimement possesseur de ces biens considérables, ou s'il avait fait acte d'usurpation en s'en emparant.

Me bornant à faire de l'administration municipale, je dis que ces quatres milions de mètres superficiels de maisons et de terrains dans Paris, qui se trouvaient ici, là, partout dans les différents quartiers de la ville, pouvaient devenir des éléments précieux pour la transformation de la Capitale.

Sur cette importante question, un rapport fut rédigé au nom de quatre administrateurs de la Municipalité, au département des Travaux-Publics. Ce rapport présenté au Corps municipal, le 21 mars 1791, motiva la délibération suivante :

EXTRAIT *du deuxième registre des délibérations du Corps Municipal de la Ville.*

Séance du lundi 21 mars 1791.

N° 385. — « Sur le rapport fait par M. Champion, administrateur au département des Travaux Publics, que la vente des biens nationaux est une occasion capable de faciliter l'embellissement de Paris ou la commodité des communications; qu'il peut même en résulter de l'avantage pour l'aliénation d'une grande partie des biens à vendre, soit en coupant et divisant les grandes masses de ces biens, soit en donnant des faces sur des rues à des parties qui sont sans débouchés; que plusieurs projets ont été remis au département des Travaux-Publics, capables de remplir ce triple objet de *l'embellissement, de l'utilité et d'augmentation* du prix des ventes.

» Le Corps Municipal, ouï le substitut adjoint du procureur de la Commune; pénétré de l'utilité des vues contenues dans ce rapport, a arrêté : qu'il serait envoyé au Directoire, avec les plans présentés à la Municipalité et au département des Travaux-Publics, en le priant de le prendre en considération, etc. »

Ce rapport, si intéressant pour la ville de Paris, resta dans les cartons pendant plus de deux années, et voici l'application qu'on en fit :

CONVENTION NATIONALE,

Séance du mardi 4 juin 1793.

La Convention nationale décrète ce qui suit :

Article 1er. L'administration des domaines nationaux est autorisée à faire graver, au trait seulement, et d'après le plan général de la Ville de Paris, dressé par le citoyen Verniquet, sur l'échelle d'une demi-ligne par toise, les plans particuliers de tous les établissements nationaux existant dans toute l'étendue de cette Ville et parties adjacentes, en distinguant les propriétés particulières qui s'y trouveraient enclavées, ou qui les borneraient, et avec indication des rues aboutissantes.

Art. 2. L'administration des domaines nationaux délivrera des exemplaires de ces plans aux artistes qui se soumettront à proposer, dans un délai déterminé, la division et les percées qui peuvent accroître la valeur de ces établissements, en faciliter la vente; le tout à la charge, par lesdits artistes, de donner l'estimation de chacun des lots, et de se conformer aux alignements qui seront ordonnés par la commission de la Municipalité chargée des travaux publics de la Ville de Paris, et autres conditions qui pourraient être déterminées par des motifs d'utilité publique.

ART. 3. Les artistes dont les plans auront été adoptés, en suite de l'avis des corps administratifs, recevront une indemnité qui sera réglée de concert avec l'administrateur des domaines nationaux, le département et la Municipalité de Paris.

ART. 4. La trésorerie tiendra à la disposition de l'administration des domaines nationaux une somme de 12,000 livres pour pourvoir aux frais de gravures et autres relatifs à ladite opération.

ART. 5. L'administration des domaines nationaux, après s'être concertée, à cet effet, avec la Municipalité et le département de Paris, mettra sous les yeux de la Convention, dans le plus bref délai, l'état des maisons nationales à la vente desquelles il sera convenable de supercéder, à raison de leur situation et de la nécessité où l'on pourrait être de les démolir pour faciliter la division des grandes propriétés. »

Ce décret de la Convention nationale est une nouvelle démonstration de cette vérité que les hommes politiques n'entendent rien à l'administration de la Ville de Paris qui exige des études toutes spéciales.

Dès la suppression des communautés religieuses, alors qu'elles passaient dans les mains de l'État, comme propriétés nationales, les Magistrats de Paris devaient s'empresser d'étudier le plan d'ensemble de cette Ville. Sur ce plan, il fallait tracer tous les projets de percements ou d'élargissements de rues de nature, soit à favoriser la circulation générale dans Paris, soit à répandre l'air et la lumière, surtout dans les quartiers du centre, sillonnés de ruelles étroites et malsaines.

Il était indispensable de combiner ces percements ou ces élargissements avec la vente de ces propriétés nationales, qu'on ne devait aliéner qu'en se réservant les moyens de réaliser ces utiles améliorations, c'est-à-dire l'ouverture, sans dépense, de ces voies sur l'emplacement des domaines nationaux.

Le fractionnement de ces propriétés domaniales présentait de notables avantages. Comme les fortunes considérables se cachaient ou fuyaient à l'étranger, la division de ces immeubles les mettait à la portée d'un plus grand nombre d'acquéreurs. Ce fractionnement devait ensuite avoir pour résultat d'augmenter la valeur de ces terrains par la concurrence et leur situation avantageuse en bordure des nouvelles voies.

Ainsi, les percements projetés des Rues ou Boulevards, dans leurs parties traversant des domaines nationaux, non-seulement favorisaient la Ville de Paris, mais devaient encore profiter singulièrement à l'État.

Alors qu'il s'agissait d'ouverture de voies nouvelles, il fallait insérer dans chaque contrat de vente la clause ci-après : *l'acquéreur sera tenu de livrer, sans indemnité, le terrain nécessaire au percement des voies projetées.*

Qand il était question d'un élargissement de rue, que la vente domaniale pouvait favoriser, la clause suivante devait être imposée : *l'adjudicataire s'oblige à livrer gratuitement le terrain nécessaire à l'élargisse-*

ment de la voie, d'après les plans arrêtés ou qui pourront l'être.

Ce travail terminé (il pouvait l'être à la fin de l'année 1789), il fallait rédiger un mémoire sérieux sur cette vaste opération et soumettre ce grand travail à l'Assemblée Constituante.

Voilà ce que devaient faire les Magistrats de Paris, en poursuivant sans désemparer l'adoption de ce plan d'ensemble.

Maintenant, de quelle manière a procédé l'administration municipale.

Elle se contenta d'envoyer, le 21 mai 1791, un mémoire incomplet au Directoire et au département des Travaux-publics, puis elle se croisa les bras. Aussi, qu'est-il advenu? En 1790, 91, 92 et pendant la moitié de l'année 1793, un nombre considérable de domaines nationaux ont été aliénés, sans aucune mention, dans les contrats de vente d'obligations imposées aux acquéreurs dans l'intérêt de la Ville de Paris.

Quant au décret de la Convention nationale, si mal renseignée, il démontre l'absence complète d'administrateurs parisiens dans cette assemblée.

N'était-ce pas une étrange aberration que d'improviser une Commission d'artistes chargés de tracer des percements au profit de la Ville de Paris, qu'ils n'avaient jamais étudiée, dont ils ignoraient les besoins?

Cette opération si grave, si difficile, ne pouvait être conduite à bonne fin que par des administrateurs habiles, ayant longtemps étudié le plan d'ensemble de Paris, connaissant les différents quartiers de la Ville, et pouvant apprécier toutes les nécessités d'une circulation plus prompte, plus facile, d'un rayonnement plus complet.

Il ne se trouvait pas un seul administrateur dans la Commune de Paris. Tous ses membres parlaient, agissaient avec l'idée de détruire, jamais avec l'intention d'améliorer; aussi disaient-ils aux artistes : — Tracez-nous cette voie, élargissez cette rue, pour démolir ce couvent, pour abattre cette croix.

Ils ne se sont guère inquiétés de créer dans Paris de grands ventilateurs dans l'intérêt des classes laborieuses; à aucune époque, on ne les a traitées avec autant de désinvolture.

Ces énergumènes ont toujours adressé à la Commission des artistes ces recommandations qui flétrissent cette odieuse administration municipale : « En traçant de nouvelles percées dans Paris, faites en sorte qu'elles renversent ces hôtels, qu'elles mutilent ces palais, qu'elles détruisent cette église. Nous ne voulons pas de nobles, nous exécrons les Rois, nous ne croyons pas en Dieu. »

Dès maintenant, il importe de donner une idée des immenses bienfaits que l'exécution d'un plan d'ensemble de Paris, combinée avec les ventes des domaines nationaux, eût procurés à la Capitale.

« Par acte passé devant Guéret et son confrère, notaires à Paris, le 16 février 1769, insinué le 27 mai suivant, approuvé et confirmé par lettres patentes du 17 août 1772, enregistrées au ci-devant parlement de Paris, par arrêt du 12 août 1773, les ci-devant religieux Mathurins ont délaissé, à titre de bail emphytéotique, pour 99 années entières et consécutives, commencées le 11 novembre 1770, et devant finir à pareil jour de l'an 1869, à François-Jérôme *Sandrié,* et à Pierrette-Claudine *Devoyes*, son épouse, de lui autorisée, un terrain sis à la Chaussée-d'Antin et dont les tenants et aboutissants sont exprimés audit acte, ledit terrain contenant *quatre arpents huit toises de superficie.*

» Ledit bail fait à la charge de 600 livres de redevance annuelle, payables pour chaque arpent pendant la durée dudit bail. »

Combien l'arpent de Paris, en 1770, représente-t-il de mètres aujourd'hui? 3,418, en négligeant les fractions, ce qui porte à moins de 18 centimes la location annuelle pour chaque mètre de terrain. Je continue: pour aliéner ce terrain, de quelle manière eût-on procédé en 1770? En donnant au prix de vente vingt fois la valeur de chaque mètre loué, c'est-à-dire 3 fr. 60 c. Cette évaluation, en ce qui concerne les Mathurins, est un peu exagérée, parce que ces religieux avaient plus d'intérêt à louer 18 centimes que de vendre à raison de 3 francs 60 centimes. En principe, les Couvents engageaient volontiers leurs immeubles, mais se refusaient à les aliéner, à moins d'un prix exceptionnellement avantageux.

En effet, les Mathurins n'ont vendu, de ce côté de Paris, que des lopins de terre en 1769 et 1770, et le prix n'en dépasse pas 50 sols.

C'était là évidemment la valeur normale des terrains à cette époque dans ce quartier appelé depuis la Chaussée-d'Antin.

Mais lorsque l'État s'est emparé de plus de quatre millions de metres en immeubles dans Paris, les immenses quantités de terrains à vendre ont été la cause de leur dépréciation. Ce qui valait, en 1770, 50 sols le mètre ne représentait plus en 1793, 94, 95 et 1796 que 45 sols, en établissant une échelle de proportion entre les assignats et l'argent.

Maintenant, les quatre arpents huit toises, loués en 1770, à Sandrié, représentent aujourd'hui 12,700 mètres environ. Où sont-ils, et qu'en a-t-on fait? Le nouvel Opéra, les rues Halévy, Auber et Scribe les ont absorbés et au delà.

Les terrains de 45 sols de 1793 à 1796 valaient 1,000 francs en 1860, et la Ville louait à des cafés, en bordure du boulevard des Capucines, à raison de cinquante francs le mètre, des terrains que Sandrié avait obtenus en 1770 pour 18 centimes.

Que devint l'emphytéose et qu'a-t-on fait de Sandrié? Bien que chargé pendant de longues années, comme employé de la Ville, de l'opération des réserves domaniales, ces deux questions sont restées insolubles pour moi; il y a là un mystère que je n'ai pu pénétrer. Il est possible que l'entrepreneur Sandrié, possesseur d'une grande fortune, soit devenu suspect et qu'on l'ait guillotiné pour avoir son bien; peut-être a-t-il émigré pour conserver sa tête. L'emphytéose s'est éteinte le 11 novembre 1869. Si ces terrains étaient devenus domaniaux, quelles facilités ils eussent offert à la Ville en les faisant traverser par des voies nouvelles!

Ces clauses de percements ou d'élargissements de rues

sans indemnité n'étaient pas seulement favorables à nos quartiers excentriques, ils offraient encore plus d'intérêt en ce qui concernait les arrondissements au milieu de la ville.

Proportionnellement sans doute, les anciennes Communautés, se trouvaient moins nombreuses dans le centre de Paris, toujours plus obstrué; toutefois elles avaient une certaine importance.

Les grands immeubles d'origine domaniale dans cette partie de la Ville, figuraient au nombre de 78 et renfermaient une superficie totale de 859,617 mètres.

Des percements et des élargissements de rues ont été réalisés quelquefois sur ces terrains; mais leur exécution, souvent en désaccord avec les besoins de la Ville, a laissé beaucoup à désirer. On a profité de certaines clauses, mais la plupart ont été oubliées ou mal exécutées.

Cette opération enfin, qui devait être si profitable à Paris, si cette Ville eût possédé des administrateurs habiles, n'a produit que des résultats insignifiants, au point de vue du plan d'ensemble de la Capitale.

LA SECONDE RÉPUBLIQUE

IV

Révolution de 1848. — Garnier Pagès, Armand Marrast et les autres Maires de Paris. — Le Louvre doit s'appeler Palais du peuple et les Tuileries hôtel des Invalides civils. — Les ateliers nationaux et l'insurrection de juin.

Je n'ai point à m'occuper ici des causes qui ont amené la République de 1848.

Le roi Louis-Philippe est-il tombé pour avoir refusé des libertés nécessaires ou bien pour nous en avoir trop donné de dangereuses? — C'est une question que mes lecteurs résoudront à leur convenance.

Voyons quelle était la situation de la Ville de Paris avant la Révolution de 1848.

L'Administration Municipale avait été dirigée avec tant d'économie, de prudence et de sagesse, par le comte de Rambuteau, que le budget de la Ville de Paris eût été franc de toute dette à la fin de cette année, sans la catastrophe de Février.

Ce ne sont jamais malheureusement les talents modestes, honnêtes et sûrs qui captivent notre nation; pour obtenir ses suffrages, il faut l'étonner, l'éblouir, sauf à la compromettre ensuite.

Esquissons la physionomie du comte de Rambuteau, de ce Magistrat, gentilhomme par excellence. Claude-Philibert-Bartholot, *comte de Rambuteau*, est né en Bourgogne, en 1782. Sa famille le destinait à l'École polytechnique. Mais la mort de sa mère empêcha le jeune homme de suivre cette belle carrière. Toutefois, son esprit juste, son caractère modéré, ses manières pleines d'urbanité, que complétait l'ancienneté de son nom, lui procurèrent bientôt une belle alliance. Il épousa mademoiselle de Narbonne, fille de l'ancien ministre de la guerre sous Louis XVI.

Napoléon, qui appréciait le comte Louis de Narbonne, fit de son gendre un de ses chambellans. L'excellent ton du jeune dignitaire, son affabilité, son jugement sain et droit, étaient des qualités que l'Empereur estimait par-dessus tout. Aussi Napoléon, qui affectionnait son jeune chambellan, l'attachait à sa personne pendant treize trimestres consécutifs.

Nous retrouvons plus tard le comte de Rambuteau à la préfecture du Simplon, puis à celle de la Loire. Ici c'est un magistrat plein d'énergie, là un organisateur habile, partout un homme de cœur.

En 1815, les électeurs de la Loire envoient leur Magistrat bien aimé à la Chambre des Députés, avec ce passe-port : *L'élection du comte Rambuteau est un hommage de la reconnaissance publique.*

Pendant les Cent-Jours, Napoléon, qui savait par cœur son ancien chambellan, le place aujourd'hui à Moulins, demain à Carcassone, puis à Mautauban.

Dans cette dernière ville, le comte de Rambuteau

sauve la vie à douze soldats, que la populace voulait égorger.

Rentré dans une obscurité volontaire, l'ancien Magistrat se livre à des études de botanique et d'agriculture.

En 1827, il est nommé député de Mâcon; sa vie parlementaire fut utilement remplie. Cela devait être : la science administrative s'utilise partout. Enfin le 22 juin 1833, une Ordonnance Royale fit du comte de Rambuteau le premier Magistrat de la Ville de Paris.

Ce choix était heureux. On ne pouvait placer un plus digne magistrat à la tête de la première Administration Municipale du pays. On sortait d'une révolution, il fallait pacifier; la nature concilante du nouveau Préfet se prêtait admirablement à ce noble rôle. Il était sûr d'être aimé en se laissant aller doucement au courant de son caractère.

La difficulté était de vivre, sinon dans une harmonie parfaite avec le Conseil Municipal, du moins dans les termes d'une bienveillance diplomatique.

Cette difficulté était sérieuse. En effet, le premier Magistrat de la Ville était le représentant du Pouvoir, et jamais le Pouvoir, depuis trois quarts de siècle, n'a été respecté; c'est pour cela que nous avons gaspillé si souvent nos richesses et notre gloire. C'est étonnant s'il nous en reste encore.

Le Conseil Municipal, lui, était le produit de l'élection; mais cette élection se faisait uniquement par la bourgeoisie, dans cette couche moyenne où l'on rencontre d'ordinaire le talent, l'honnêteté, l'économie, rarement la grandeur, presque jamais le génie des belles créations.

Deux caractères différents, deux natures opposées, rivales, se trouvaient donc en présence. Le Préfet c'était l'intelligence qui sourit à tout ce qui brille, qui veut la grandeur et sait la payer parce qu'elle a son prix. Le Conseil représentait le caractère calculateur, économe, sobre, comptant les millions sou à sou, faisant ce qu'il fallait, rien de plus. L'un employait toutes les ressources de son imagination à dorer son Paris ; l'autre épuisait toutes les finesses de sa patience à faire des économies, après s'être contenté, pour la Ville, du strict nécessaire.

Cette opposition amena des scènes que n'eût pas dédaignées la plume de Molière. — En voici une à laquelle je crois devoir faire assister mes lecteurs.

Le gouvernement avait décidé l'agrandissement de l'Hôtel-de-Ville de Paris ; — c'était une mesure utile. En effet, les antiques salons étaient trop étroits, insuffisants ; il fallait, à chaque cérémonie, pour chaque fête, improviser, à grands frais, des salles condamnées ensuite à la démolition. — Ce provisoire avait déjà coûté plus de neuf millions.

On était d'accord sur la nécessité d'agrandir l'Hôtel-de-Ville. Mais, au sujet des dépenses, l'harmonie disparaissait effarouchée par des discussions métalliques.

Le Préfet de la Seine rêvait un palais des *Mille et une Nuits*, le Conseil Municipal ne voulait qu'un agrandissement motivé, quelque chose de propre ; voilà tout.

Pour conquérir son Palais sur l'hôtellerie bourgeoise des Conseillers, voici de quelle manière le comte de Rambuteau dressait ses batteries : lorsque le Magistrat n'avait plus d'argent, ce qui arrivait souvent, il annonçait soudain une fête à laquelle, bien entendu, assistaient les Conseillers. Là, complaisamment, il leur détaillait les travaux exécutés, faisait hommage aux dames de ces messieurs de ce luxe, de cette richesse qui, disait-il, servaient de cadre à leur beauté. Cet éclat, cette magnificence enchantaient les dames, amollissaient, faisaient fondre le puritanisme des dignes Conseillers.

Le lendemain, un tout petit rapport descendait au Conseil ; c'était le comte de Rambuteau qui demandait un crédit et faisait escompter l'attendrissement de la veille.

Voilà ce qui explique pourquoi l'agrandissement de l'Hôtel-de-Ville, qui ne devait absorber que huit ou neuf millions, en a coûté seize.

Eh bien, le temps, qui met chaque chose à sa place, et juge en dernier ressort, avait donné raison au Préfet de la Seine. On n'économise pas aux dépens de la splendeur d'une Ville comme Paris. Grâce au comte de Rambuteau, le Palais Municipal était considéré comme un des plus beaux monuments de la Capitale. C'est probablement pour sa beauté que la Commune de Paris l'a fait brûler par ses prétroleuses.

Maintenant, comment s'est-il fait que le comte de Rambuteau, avec des qualités administratives très-estimables, n'ait pu exercer aucune influence heureuse sur les destinées de la monarchie constitutionnelle de Louis-Philippe ?

La raison en est simple : c'est qu'il n'y avait plus, à proprement parler, d'éléments conservateurs de l'autorité souveraine dans l'administration de la Ville de Paris.

Depuis 1789, la Capitale se trouvait absolument privée d'une véritable et sage organisation municipale. On avait bien improvisé des arrêtés, des décrets, des lois même ; mais les uns et les autres ne faisaient qu'effleurer la question sans la résoudre.

Cela est si vrai, qu'en dépit de la loi du 20 avril 1834, une autre loi du 18 juillet 1836 *sur l'administration municipale* du pays mentionne cette lacune, en disant, au titre VIII, article 74 : « Il sera statué, par une loi *spéciale*, sur l'administration municipale de la Ville de Paris.

Cette loi spéciale n'a jamais été faite ; dernièrement on a copié celle du 20 avril 1834, on y accolant le suffrage universel.

Mais ce n'est pas là une organisation municipale pour une Ville comme Paris.

Maintenant, pourquoi cette organisation municipale fait-elle défaut depuis quatre-vingt-deux ans?

En voici l'explication :

En 1789, lorsqu'on a renversé l'ancienne Prévôté des Marchands, après avoir assassiné son dernier représentant, Jacques de Flesselles, on a tout détruit, fauché.

Au lieu d'étudier une nouvelle institution municipale, on s'est borné à prendre la contre-partie de celle qu'on avait détruite. Puis, comme l'ancienne organisation avait prospéré, plutôt grâce à de sages traditions constamment respectées que par des lois ou des règlements, il advint que ces traditions, ignorées des novateurs ou détestées par eux, tombèrent entièrement dans l'oubli ou furent méconnues.

Si quelques écrivains, pionniers intelligents et courageux, ont remué avec précaution la poussière des siècles éteints, pour en extraire des parcelles d'or, ces richesses sont demeurées stériles, l'époque actuelle n'ayant pour horizon que la Révolution 1789.

Aussi cette ignorance du passé, jointe à cette privation si prolongée d'une institution municipale, pourtant si nécessaire à Paris, plus indispensable encore au pouvoir, expliquent l'impuissance du comte de Rambuteau à faire le bien, comme elles démontreront bientôt la grande facilité à faire le mal.

Retournons à l'Hôtel-de-Ville, après la Révolution de 1848.

Il est un fait qu'il importe de constater avant tout : les hommes qui ont fait, aux gouvernements qui se sont succédé depuis 1830, la guerre la plus acharnée, sont ceux dont l'opposition a toujours été la plus lucrative.

Cela donne naturellement à penser que l'intérêt du pays était subordonné à leur propre intérêt, et que l'ambition de parvenir quand même mêlait beaucoup d'alliage au patriotisme de ces démolisseurs.

Que devint l'Hôtel-de-Ville de Paris ? Une immense hôtellerie ouverte à tous les parasites.

Du 28 février au 9 mars, *Garnier-Pagès* exerça les fonctions de Maire de Paris; je n'ai point à le discuter comme orateur, mais, dans l'homme politique, on ne découvrait aucune des qualités indispensables à l'administrateur.

Il est remplacé par *Armand Marrast*, polémiste distingué, magistrat sans valeur.

Je constate, en passant, une contradiction qui ne se trouve point à l'avantage de ces deux privilégiés de la Révolution de 1848. Ils avaient combattu l'ancien gouvernement, qui, selon leur chaleureuse opposition, refusait à Paris des libertés suffisantes, bien que son Conseil Municipal fût *élu*, et ces mêmes Aristarques, une fois maîtres du Pouvoir, ne veulent plus entendre parler d'élections.

Chacun d'eux dispose seul, à son tour, sans contrôle, selon son bon plaisir, du budget de la Ville. Pendant six mois, Paris est gouverné par ces Magistrats improvisés qui ne connaissaient pas le premier mot de son administration.

On va voir quelles ont été les terribles conséquences de l'insignifiance administrative de ces deux Maires de Paris.

Mais avant, il me faut reproduire le décret du 24 mars 1848.

« Le Gouvernement provisoire : Considérant qu'il convient à la République d'entreprendre et d'achever les grands travaux de la Paix ; que le concours du peuple et son dévouement donnent au Gouvernement provisoire la force d'accomplir ce que la Monarchie n'a pu faire ; qu'il importe de concentrer dans un seul et vaste Palais tous les produits de la pensée, qui sont comme les splendeurs d'un grand Peuple, décrète : Article 1er. Le Palais du Louvre sera achevé; 2° Il prendra le nom de *Palais du Peuple* ; 3° Ce Palais sera destiné à l'exposition de Peinture, à l'exposition des Produits de l'Industrie, à la Bibliothèque Nationale; 4° Le peuple des Travailleurs est appelé tout entier à concourir aux travaux d'achèvement du Louvre ; 5° La *rue de Rivoli* sera continuée d'après le même plan. »

» Fait au Conseil du Gouvernement, le 24 mars 1848.

» Signé : *Dupont (de l'Eure), Lamartine, Arago, Crémieux, Ledru-Rollin, Garnier-Pagès, Albert, Marie, Armand-Marrast, Louis Blanç, Flocon.* »

A ce style poétique, olympien, plus de doute, le Louvre va s'achever, la rue de Rivoli est terminée.

Eh bien! tout cela n'est que fanfaronnade, flatterie pour amorcer les classes ouvrières; pas une pierre n'est ajoutée au Louvre, pas une maison n'est expropriée pour le prolongement de la rue de Rivoli.

Le Louvre avait coûté plus de cent millions à l'ancienne Monarchie; la République de 1848 n'accorde pas un centime au *Palais du Peuple.*

Autre pasquinade. — Le palais des Tuileries, par un autre décret, prend le nom d'*Hôtel des Invalides civils.*

Mais la foule, dont ces gouvernements avaient exalté les passions, s'agite et menace; alors sont créés ces

Ateliers nationaux, dont le contingent s'élève bientôt à cent vingt mille hommes.

Au lieu de les occuper à des travaux profitables à Paris, on leur fait remuer une terre ingrate; sous le prétexte de leur allouer un salaire, en réalité on leur fait l'aumône.

Cependant, il faut le répéter: le comte de Rambuteau avait laissé les finances de la Ville dans une situation si prospère, que même, après une Révolution, des administrateurs habiles eussent facilement trouvé des capitaux pour entreprendre et mener à bonne fin la réalisation des projets favorables à l'assainissement et à l'embellissement de Paris.

Le crédit de la Ville reposait sur des bases si solides, qu'un emprunt considérable eût été couvert, et même au delà.

Alors il eût fallu se mettre résolûment à l'œuvre, continuer l'agrandissement des *Halles centrales*, entreprendre le prolongement de la *rue de Rivoli*, traversant des quartiers malsains, à l'effet d'y répandre l'air et la lumière.

Ces grands travaux eussent enlevé aux Ateliers Nationaux une partie considérable de leur agglomération si redoutable, en utilisant les maçons, les tailleurs de pierre, les menuisiers, les charpentiers, en un mot tous les ouvriers que fait vivre honnêtement l'industrie si féconde du bâtiment.

Mais l'incapacité administrative de ce Gouvernement Provisoire et l'insouciance du Maire de Paris laissèrent à l'insurrection tout le temps de s'organiser. Elle éclatait au mois de juin.

Aujourd'hui, cette vérité est acquise : le gouvernement provisoire de 1848 est comptable aux yeux de l'histoire de tout le sang versé qui devait étouffer la seconde République.

L'ADMINISTRATION MUNICIPALE DE PARIS

SOUS LE RÈGNE DE NAPOLÉON III

V

M. Haussmann remplace M. Berger; un ancien Tabellion doublé d'un Gautier Garguille. — Le nouveau Préfet de la Seine; les Séides et les Aristarques. — Un écart de 410 millions. —Vicissitudes auxquelles est exposée la nomenclature des rues de Paris. — Les théâtres Municipaux et les marchés d'arrondissements. — Le boulevard du Palais est menacé d'un nouveau Bobino et d'un Petit Lazari, entre la Basilique de Notre-Dame et le Palais de Justice; réclamation du cardinal Morlot. — Reconstruction de l'Hôtel-Dieu. — Extension des limites de Paris. Exagération des grands travaux; attraction qu'elle exerce sur les classes nécessiteuses de la province et de l'étranger qui viennent fondre sur Paris comme sur une proie. — Augmentation foudroyante de la population malsaine de la Capitale. Est-ce la Ville de Paris ou la province qui a fourni à la Commune son plus formidable contingent? D'où viennent les pétroleurs mâles et femelles qui ont incendié les monuments de Paris?

La question que je vais traiter résolûment dans ce chapitre, a été chaleureusement controversée. L'opinion publique n'est même pas encore fixée, d'une manière complète et définitive, sur la solution à lui donner.

Il y a donc un vif intérêt dans cette discussion qu'il me faut entreprendre, avant d'aborder la troisième République.

Cette question concerne l'administration de *M. Haussmann.*

Les uns l'ont exaltée comme la plus habile et la plus intelligente des administrations, en soutenant qu'elle avait été profitable à la Ville de Paris, tout en servant le gouvernement de Napoléon III.

Ils ont prétendu :

Que les grands travaux exécutés dans Paris doivent être considérés comme aussi favorables à la salubrité qu'à la splendeur de cette Ville ;

Que l'Extension des limites de la Capitale est une excellente mesure administrative et politique ;

Que les deux milliards dépensés pour Paris en avaient remué deux fois autant ;

Que cette accumulation de capitaux, si manifestement heureuse pour la Capitale, avait profité grandement au pays tout entier ;

Que *l'Ecart de Quatre cent dix millions*, écart confessé loyalement par l'ancien Préfet de la Seine, n'était qu'un accident qui ne pouvait témoigner contre la situation florissante des finances de la Ville ;

Que la progression constante de ses revenus donnait la certitude de la libérer, au moyen de ses excédants de recettes ;

Que la cessation des travaux d'utilité publique, au

moment des Élections, devait être considérée simplement comme le contre-coup de l'écart de 410 millions;

Que, d'ailleurs, l'interruption de ces travaux n'eût été que momentanée;

Que l'augmentation considérable de la population de Paris provenait de nos voies de fer dont le rayonnement est un immense bienfait pour la Capitale;

Que cette augmentation, qui témoignait de la prospérité publique, avait élevé sensiblement les recettes de l'octroi en favorisant, par cela même, la transformation de la Ville de Paris;

Que l'administration municipale de M. Haussmann n'a été pour rien dans la chute de l'Empire;

Qu'au contraire, si le Souverain avait permis au Préfet d'achever son œuvre, bien des malheurs qui sont arrivés eussent été certainement épargnés à la Ville de Paris comme à la France;

Qu'enfin M. Haussmann doit être considéré comme un grand administrateur, et que la transformation de Paris, un jour, consacrera le nom du Magistrat au souvenir reconnaissant de l'histoire.

Voilà ce que disent les partisans de M. Haussmann.

Ses adversaires répondent:

Que personne ne saurait contester le talent du Magistrat; mais que ce talent, mal dirigé, sans principe, plein d'exagération, ne pouvait être, en fin de compte, qu'un talent dangereux et funeste;

Que s'il est juste de reconnaître que les commencements du Préfet de la Seine présageaient un administrateur habile, il n'est que trop prouvé, maintenant, que M. Haussmann s'est laissé tout à coup entraîner à des opérations si follement coûteuses, qu'elles ont troublé l'économie financière de la Ville et compromis la sécurité publique ;

Que *l'Ecart de 410 millions* était, en réalité, un *déficit* déguisé par l'administration municipale, et que, pour le combler, il était au moins imprudent de compter sur des excédants de crédit que les événements pouvaient compromettre, comme cela n'est que trop malheureusement arrivé ;

Qu'il n'est pas exact de dire que l'augmentation foudroyante de la population parisienne était due à l'achèvement de nos voies de fer, par la raison que les cultivateurs et les ouvriers de nos provinces ne peuvent guère se permettre des voyages d'agrément ;

Que la vraie cause de l'envahissement de Paris par les classes pauvres de la province s'accuse par l'exagération des grands travaux entrepris simultanément ici, là, partout dans Paris ;

Que le paysan trouvait la bêche trop lourde à manier, l'ouvrier le marteau bien fatigant, alors qu'on leur disait : Paris dépense cent millions par an à sa toilette ;

Que cette population nouvelle, ayant abandonné père, mère, enfants, tout ce qui fait la joie de ce monde par l'accomplissement du devoir, pour fondre sur Paris, comme sur une proie, devait être une population en partie malsaine ;

Que les Sciences et les Arts avaient groupé dans la

grande Ville toutes leurs merveilles ; le luxe, tous ses attraits ; les plaisirs, toutes leurs variétés ;

Que c'était folie d'avoir mis toutes ces séductions aux prises avec tous les appétits, toutes les convoitises, tous les vices ;

Que le vrai peuple parisien, autrefois sans croisements, homogène, s'est trouvé complétement étouffé, aplati sous plusieurs couches provinciales et étrangères, la lie de la France et le fumier de l'Europe ;

Qu'en mettant ainsi le pouvoir à la merci de ces grandes Compagnies de bohêmes, c'était faire de l'administration révolutionnaire et régicide ;

Que cette administration devait amener infailliblement la chute de l'Empire et de tous les gouvernements, même républicains ;

Qu'en effet, la catastrophe de Sedan n'a fait que précipiter l'effondrement de l'Empire, immanquable un peu plus tôt ou un peu plus tard, en ce qu'il se trouvait ballotté au milieu d'une mer houleuse ;

Qu'en un mot, c'est l'administration désordonnée de M. le baron Haussmann qui a recruté ce contingent provincial et étranger, qui a fait subir à la France la Commune de Paris et à la Capitale l'incendie de ses monuments.

Ainsi s'expriment les adversaires de l'ancien préfet de la Seine.

Comme on le voit, ils ne sont guères disposés à s'entendre avec les partisans du Magistrat.

Dans le nectar offert à M. Haussmann par ses admirateurs, si le miel est trop savoureux, peut-être le breuvage que ses détracteurs voudraient lui faire accepter est-il mêlé de trop d'amertume.

Je crois qu'il doit y avoir place ici pour une appréciation moins passionnée, et par cela même plus instructive. En l'essayant, il me sera facile de démontrer, une fois de plus, et de la manière la plus saisissante, combien le choix d'un premier Magistrat municipal pour Paris peut exercer d'influence sur le sort du pays tout entier.

Georges-Eugène, baron *Haussmann*, est né à Paris, le 27 mars 1809. Il fut d'abord élève du Conservatoire de musique, puis clerc de notaire. Après la Révolution de 1830, il entra dans l'administration et fut nommé successivement sous-préfet de Nérac, de Saint-Girons et de Blaye. La Révolution de 1848 l'arrêta quelque temps dans sa carrière. Sous la présidence de Louis-Napoléon, M. Haussmann fut préfet du Var, puis de l'Yonne, enfin de la Gironde. La réception qu'il sut préparer au Prince-Président, lors de son passage à Bordeaux, fut si habile et surtout si agréable au futur Empereur, que le Préfet de la Gironde était appelé à la Préfecture de la Seine, le 23 juin 1853.

M. Haussmann remplaçait M. *Berger*. Quelques mots sur ce magistrat. Il avait été maire du 2e arrondissement de Paris, et s'était montré l'adversaire acharné du gouvernement de Louis-Philippe et de l'administration du comte de Rambuteau. Après 1848, on l'avait surnommé *le Maire des barricades*. Les allures de M. Berger, ancien avoué, étaient celles d'un tabellion doublé d'un Gautier Garguille. Ses antécédents politiques et ses manières devaient être des motifs sérieux d'exclusion ; mais, comme il s'était rallié à la fortune du Prince-Président, comme il avait flairé amoureusement l'Empire, il fut nommé premier Magistrat de la Ville de Paris. Ce choix avait laissé beaucoup à désirer. Son successeur, M. Haussmann bénéficia donc des répugnances qu'avait excitées M. Berger, surtout dans la haute société parisienne.

L'intelligence que l'ancien Préfet de la Gironde avait révélée d'une façon si attrayante pour le Chef de l'État n'avait pas seule déterminé le choix du Souverain, que je ne puis me dispenser de faire intervenir dans cette étude sur l'administration Municipale, durant la seconde période impériale.

Ce gouvernement n'a jamais été l'objet de mes sympathies. Mais, dans toutes mes publications, j'ai toujours tenu à honneur de respecter mon pays dans la personne du Souverain qui le représentait. L'obligation que je me suis autrefois imposée constamment comme un devoir, je l'observe aujourd'hui par convenance.

L'Empereur Napoléon III aimait, par-dessus tout, à s'occuper des améliorations de la Ville de Paris : c'était une véritable passion. Aussi le Souverain avait-il établi, dans chaque résidence, un bureau particulier où se trouvait rangé un grand nombre de plans et de projets intéressant la Capitale.

L'Empereur avait parfaitement compris qu'il fallait, après une Révolution, occuper les nombreux ouvriers de Paris à des travaux profitables à la Ville et ranimer l'industrie du bâtiment, cette bonne mère nourrice de beaucoup d'autres industries.

L'Empereur étudiait donc le plan de Paris, d'après un système d'ensemble qui consistait à transformer les quartiers agglomérés, au milieu de la ville, afin que la circulation pût rayonner librement du centre aux extrémités de la Capitale. — C'était là une excellente idée.

En effet, ces quartiers étaient sillonnés de ruelles étroites et sombres dont l'insalubrité était la complice de toutes les épidémies, fauchant, de préférence, la population ouvrière entassée dans ces tristes localités.

Mais, pour traduire cette idée, pour appliquer son système, il fallait au Souverain un Préfet de la Seine qui sût agir promptement, sans le discuter.

M. Berger avait risqué quelques boutades d'opposition ; l'Empereur l'envoya moisir honorablement au Sénat, en le remplaçant, comme nous l'avons dit, par M. Haussmann, Magistrat *d'action quand même.*

Ce choix était heureux, en apparence. M. Haussmann avait été trop brillamment récompensé pour permettre à son dévouement approbateur et silencieux la moindre déviation.

L'accord était donc parfait alors entre l'Empereur et son Préfet de la Seine.

Aussi le prolongement de la rue de Rivoli, l'ouverture des boulevards de Sébastopol, Saint-Michel, du Prince-Eugène, la transformation des deux rives du Canal Saint-Martin, remplacées par l'Avenue Richard-Lenoir, puis la rue de Turbigo, furent successivent exécutés. Ce sont là d'excellentes créations, autant au point de vue de l'assainissement de Paris que sous le rapport de la circulation.

Si le Magistrat, appliquant le système du Souverain, avait combiné les améliorations de la Capitale avec les ressources financières de la Ville ;

Si des travaux constamment modérés avaient occupé les seuls ouvriers de Paris, sans provoquer l'émigration des cultivateurs et des artisans provinciaux aux dépens de la Capitale, on eût applaudi sans restriction à ce système de transformation de Paris.

Mais, au lieu de s'imposer de sages limites dans l'intérêt du Souverain, le Préfet l'exagéra, en fauchant les règlements et les lois que la sagesse humaine avait inventés pour sauvegarder l'État et la Ville de Paris.

Dans les quartiers, à l'Ouest de la Capitale, plus de 380 millions furent dépensés, en travaux de voirie seulement, dans l'espace de quinze années. De nombreuses avenues rayonnèrent autour de *l'Arc de Triomphe* de l'Étoile, tandis que, dans la partie opposée, vers l'est de la Ville, *la Place du Trône* restait un véritable cloaque, et que d'immenses terrains vagues demeuraient improductifs de ce côté, faute de coupures intelligentes et relativement peu coûteuses.

Plus de 100 millions ont été consacrés aux abords si mal combinés du *nouvel Opéra*. — Une place pygmée pour un théâtre géant.

Le Préfet de la Seine interrompait brusquement le *boulevard Saint-Germain*, à l'Est de la Ville, où sa continuation eût été un bienfait, pour improviser un nouveau tronçon de cette voie, dans le quartier le plus aéré, le mieux disposé, c'est-à-dire entre la rue de Bellechasse et la Place de la Concorde.

M. Haussmann décidait que la *rue de Réaumur* s'arrêterait devant la rue Saint-Denis, en face de la rue Thévenot, dans un quartier où Paris étouffe ; le Magistrat reprenait cette voie, sous le nom de rue du *Dix-Décembre*, entre la Place de la Bourse et le boulevard des Capucines, où Paris respire à l'aise, à pleins poumons. Aujourd'hui ce véritable tronçon de la rue de Réaumur s'appelle *rue du Quatre-Septembre.*

Ces deux dénominations, qui se contredisent, sont également malheureuses.

Comme échantillon des dépenses concernant cette malencontreuse rue du Dix-Décembre, voici ce que coûtèrent huit hôtels seulement parmi les splendides habitations qu'il fallut jeter par terre :

Rue Louis-le-Grand, 21		
Indemnité au propriétaire	1,200,000	1,679,500
Id. aux locataires	479,500	
Même rue, 15		
Indemnité au propriétaire	780,000	1,812,500
Id. aux locataires	1,032,500	
Rue Louis-le-Grand, 33		
Indemnité au propriétaire	900,000	1,091,000
Id. aux locataires	191,000	
Rue de la Paix, 26		
Indemnité au propriétaire	1,950,000	2,940,250
Id. aux locataires	990,250	
A reporter......		7,523,250

	Report....	7,523,250
Même rue, 28		
Indemnité au propriétaire	1,200,000	1,685,000
Id. aux locataires	485,000	
Même rue, 30		
Indemnité au propriétaire	1,320,000	1,956,000
Id. aux locataires	636,000	
Même rue, 32		
Indemnité au propriétaire	1,180,000	2,104,000
Id. aux locataires	924,000	
Même rue, 34, *et boulevard des Capucines*		
Indemnité au propriétaire	3,300,000	4,030,000
Id. aux locataires	730,000	
	TOTAL.	17,298,250

Ces dix-sept milions pour huit hôtels seulement n'étaient pas complétement payés aux expropriés, lorsque le Préfet de la Seine ordonnait la cessation des travaux dans tous les chantiers de la zone annexée, peu de jours avant les élections, et cela faute d'argent (1).

Que d'inégalités choquantes, que de contrastes fâcheux dans cette administration follement dépensière.

D'un côté, par exemple, elle agrandissait si démesurément la *Place du Château-d'Eau*, qu'on a peine à se reconnaître, à se sauvegarder dans son immensité ;

(1) La rue du Dix-Décembre, dont la longueur est de 510 m. sur 20 m. de largeur, a coûté 66,251,490 fr. 32 c.

de l'autre, elle coupait, elle rognait la *Place de la Bastille.*

L'agrandissement exagéré de la première, qu'il faut compléter, a déjà fait suer à la caisse municipale plus de 30 millions ; le rétrécissement de la seconde n'a fait rentrer, dans les coffres épuisés de la Ville, que 1,500,000 francs, produit de la vente des terrains dérobés à cette seconde voie publique.

Mais j'ai hâte d'arriver à l'opération la plus déplorable.

L'administration, d'un côté, a dépensé plus de 25 millions pour *quatre Théâtres Municipaux* et leurs abords, et, de l'autre, elle a livré à une Compagnie financière la construction de *onze marchés d'arrondissement.*

Que penser d'abord d'une administration municipale qui se fait entrepreneuse de spectacles ?

Voici le bilan de cette étourdissante opération.

Les dépenses du premier établissement de ces onze Marchés se sont élevées à 8,205,101 francs, tandis que la construction des théâtres du Châtelet, Lyrique, de la Gaîté et du Vaudeville, avec la régularisation de leur entourage, en a coûté plus de trois fois autant.

Précisément, alors que l'administration municipale frappait, des taxes de l'octroi de Paris, la banlieue suburbaine, qui n'avait pas reçu la moindre amélioration, le Préfet de la Seine louait, par bail du 2 avril 1860, les trois premiers de ces théâtres à raison de 450,000 fr., savoir :

Le Théâtre du Châtelet..........	210,000 fr.
Le Théâtre-Lyrique.............	130,000
Le Théâtre de la Gaîté	110,000
Somme égale.........	450,000 fr.

On se tromperait étrangement si l'on croyait que ces trois théâtres figurèrent longtemps sur le budget de la Ville de Paris pour un revenu de 450,000 francs. Ces trois exploitations sombrèrent successivement, et l'administration fut forcée de diminuer le prix des locations et de se contenter plus tard d'un prélèvement sur les recettes.

Ce prélèvement ne lui assura même pas un revenu de 2 pour 100, tandis que la construction des onze marchés eût rapporté bien davantage.

Ainsi, au point de vue du budget de la Ville de Paris, l'opération était détestable.

Sous le rapport de la convenance administrative, elle était inqualifiable, en ce qu'elle abandonnait le nécessaire à la spéculation, pour se charger du superflu.

J'insiste sur cette malencontreuse opération, parce qu'on ne saurait trop flageller l'administration qui s'en est rendue coupable.

La réunion de sept théâtres sur le boulevard du Temple avait sa raison d'être. Ce boulevard du Temple, qui faisait partie d'un promenade, la préférée des Parisiens et des étrangers, passait à juste titre pour une des beautés populaires de Paris. — C'était une véritable Kermesse, un Landit de toute l'année.

L'agglomération de ces salles de spectacles était un principe certain de prospérité ; le succès de l'une assurait l'existence de toutes. En effet, une seule pièce en vogue, le trop plein de la salle en faveur, se déversait dans les autres, et leur permettait de vivre au moins jusqu'au jour, où des ouvrages goûtés du public les faisaient prospérer à leur tour.

On sait que le percement du boulevard du Prince-Eugène entraîna la démolition du *Petit-Lazari*, des *Funambules*, des *Délassements-Comiques*, de la *Gaîté*, de *l'Ancien Cirque*, des *Folies-Dramatiques*, et du *Lyrique*.

Où fallait-il reconstruire ceux de ces théâtres qui aspiraient à renaître ?

Aussi près que possible de l'emplacement qui avait été le principe de leur prospérité, c'est-à-dire à l'endroit où végète si tristement le beau bâtiment des *Magasins-Réunis*. Il fallait également s'emparer des angles des boulevards des Amandiers et du Prince-Eugène, sur la place du Château-d'Eau ; là ces théâtres eussent été parfaitement à l'aise, admirablement en vue.

Au lieu de prendre possession de ce magnifique emplacement, comprend-on que le Préfet soit allé chercher la ligne des quais, à l'effet de déporter dans ces parages les théâtres Lyrique et du Châtelet, en bordure de la Seine, où le froid vous fait grelotter l'hiver, où l'on ne se promène guère pendant l'été, durant les grandes chaleurs.

Encore quelques mots sur cette opération malencontreuse.

L'ancien Préfet de la Seine n'avait-il pas conçu, puis arrêté le projet fabuleux de construire dans la Cité, en bordure du boulevard du Palais, deux salles de spectacle de bas étage ?

Cette question avait été résolue même par la Commission municipale, et je pourrais, au besoin, en nommer le rapporteur.

Comme un nouveau *Bobino* et le *Petit-Lazari* eussent été singulièrement placés entre la basilique de Notre-Dame, le Palais-de-Justice et l'Hôtel-Dieu! La face enfarinée de Pierrot, d'un côté ; les robes rouges de la Cour de Cassation, de la Cour suprême de l'autre! Puis un prince de l'Église officiant, alors qu'en face on eût joué des compositions à l'instar de *l'Œil crevé* et du *Canard à trois becs*.

Le cardinal Morlot, de sainte mémoire, fit heureusement écarter ce malencontreux projet.

On vient de voir les Théâtres construits avec l'argent de la Ville, et les marchés élevés par des Compagnies financières, passons maintenant à la question des *Hôpitaux*.

Dans le centre de Paris, dans un quartier où sont groupés nos plus beaux monuments, mais où la population est clair-semée, dans la Cité, qui ne renfermera plus, dans quelques années, un seul ouvrier, on construit un nouvel *Hôtel-Dieu*, un hôpital princier qui coûtera plus de vingt-cinq millions.

N'est-ce pas là une folie orgueilleuse à reprocher à l'administration de M. le baron Haussmann ?

L'extension de la Ville de Paris comptait déjà neuf

années accomplies lorsqu'on a commencé cette contruction fastueuse qui condamne les malades de nos quartiers excentriques à des voyages de long cours. Aussi trop souvent les civières, ballottées dans les rues de Paris, n'apportent que des morts à l'Hôtel-Dieu.

Avec les vingt-cinq millions que doit absorber cet établissement, dans un quartier où l'on ne trouve ni pauvre ni ouvriers, il eût été facile de doter nos arrondissements excentriques d'hôpitaux devenus indispensables, tout en laissant dans le centre de la Ville un grand *poste médical* destiné aux personnes victimes d'accidents ou atteintes d'un mal subit, dans les quartiers environnants.

Ajoutez que cette reconstruction, si onéreuse au budget de la Ville, condamne l'Hôtel-Dieu pendant des siècles, à séjourner dans le bas-fond de Paris, entouré d'eau, dans une humidité permanente et si funeste à tant de maladies. — Cet hôpital ne saurait être qu'un foyer de pestilence, un conservatoire de choléra.

La zone annexée, par le fait de cette construction ruineuse, n'a pas encore aujourd'hui un seul hôpital; cependant elle est plus grande que l'ancien Paris, et sa population, pour les sept huitièmes, se compose d'ouvriers et d'artisans.

Puisque nous venons de parler de la zone annexée, il importe de dire quelques mots au sujet de l'*Extension des limites de Paris* sous le gouvernement de Napoléon III.

Comme mesure administrative, elle pouvait avoir son utilité; mais son application instantanée, rigoureuse, doit être considérée comme une amère iniquité.

L'Administration Municipale, en même temps qu'elle faisait le vide dans le centre de la ville pour l'assainir, devait favoriser, à tout prix, les constructions modestes dans les quartiers éloignés, à cette fin que le trop plein se déversât jusqu'aux extrémités.

Mais le Préfet démolissait, jetait par terre des maisons par centaines dans le centre de Paris, sans se préoccuper de l'installation des émigrants aux confins de la Ville.

Les travaux continuant et même augmentant, les ouvriers qui n'avaient pu trouver assez de petites locations au milieu de Paris, se portèrent en foule d'abord dans les quartiers avoisinant l'ancien mur d'octroi, principalement vers les faubourgs du Temple, Saint-Antoine et Saint-Marceau.

Comme la pioche des démolisseurs avait également son contre-coup dans nos provinces, qui entendaient dire, répéter, ressasser qu'on dépensait dans la Capitale des millions par centaines, les cultivateurs et les ouvriers quittèrent en grand nombre leurs champs et leurs villes secondaires pour fondre sur Paris.

De là ce renchérissement des petites locations par l'augmentation foudroyante de la population ouvrière. Il arriva bientôt que ces locations devinrent insuffisantes dans l'ancien Paris ; alors les classes laborieuses enjambèrent le mur d'octroi, pour se porter en foule dans l'ancienne banlieue, principalement à Belleville, à Ménilmontant, à Charonne, aux Ternes, à Montrouge, Vaugirard et Grenelle.

Tout à coup, comme une trombe, la mesure de l'extension de Paris bouleverse cette population ; les Communes de la banlieue qui n'étaient pas le moins du monde parisiennes, auxquelles on n'avait accordé aucune espèce d'amélioration, se sentent frappées au cœur par les taxes d'octroi de Paris.

Ainsi, d'un côté, en moins de douze années, les quartiers riches ou commerçants de l'intérieur avaient bénéficié de nombreuses améliorations ; la propriété avait vu, dans l'ancien Paris, doubler, tripler, quintupler ses revenus, tandis que, de l'autre, dans la zone annexée si brutalement, la population ouvrière, qui s'y trouvait forcément agglomérée, subissait, par le fait de l'octroi de Paris, un impôt de plus de 20 pour 100 sur le prix des denrées de première nécessité.

Était-ce faire acte d'administration municipale sagement distributive, que de mettre, sans transition, tout à coup, sur le même pied, par l'impôt si lourd de l'octroi de Paris, une Ville, dans laquelle on venait de dépenser plus d'un milliard, et des Communes qui n'avaient reçu aucune espèce d'améliorations?

L'on avait forcé les ouvriers,en grand nombre,à deux déplacements en moins de dix années ; on les avait obligés à venir habiter des localités éloignées de leurs travaux.

Dans cette zone immense où ils se trouvaient déportés, les rues étaient mal pavées et manquaient, pour la plupart, d'éclairage ; peu d'écoles, presque pas de marchés couverts, aucune mairie convenable, —

c'était une Sibérie pareille qu'on frappait instantanément des taxes d'octroi de Paris.

Cette seule mesure de l'extension des limites de la Capitale, appliquée, comme on vient de le voir, avec tant d'injustice, a fait à l'Empire, dans Paris, plus de cinq cent mille adversaires.

Et cependant, je me hâte de le dire, la religion du Souverain a été surprise en cette circonstance, comme en d'autres que je rappellerai bientôt.

Les appréciations et les documents soumis à l'Empereur, sur cette mesure si importante, étaient inexacts ou incomplets, ainsi que les faits l'ont constaté plus tard, et le témoignent encore aujourd'hui.

Au lieu de fusionner Paris avec sa banlieue, M. Haussmann a créé deux Villes dans la Capitale ; l'ancien Paris : la ville du luxe, — le nouveau : celle de la misère. La zone annexée a servi de cordon à l'émeute pour tenter d'étrangler la Cité Reine des Beaux-Arts. Le Souverain n'a pas été mieux servi dans l'exécution des grands travaux de la paix que dans les préparatifs de la guerre.

J'arrive à la question la plus intéressante : celle qui concerne *la Population de Paris.*

L'ancien Préfet de la Seine voyait, dans l'augmentation foudroyante de cette population, qu'il attribuait à l'achèvement des voies de fer, un signe certain de prospérité.

Je l'ai toujours considérée dans mes écrits comme l'annonce d'une catastrophe prochaine.

Voici en quels termes je m'exprimais en mars 1870, dans mon ouvrage intitulé :

LES QUARTIERS PAUVRES DE PARIS

Le 20e arrondissement.

» Voyons ce qu'a produit l'accumulation monstrueuse des grands travaux, à l'ouest de Paris principalement : l'augmentation foudroyante de la population, dans le sens dangereux des classes nécessiteuses.

» En effet, cette exagération devait exercer une attraction irrésistible sur les cultivateurs, snr les artisans et sur les ouvriers de nos provinces.

» Le soir, à la veillée, lorsque le maître d'école, le savant de la Commune, faisait la lecture du *Grand Journal*, une commotion électrique parcourait tout l'auditoire, écoutant ce passage qui semblait emprunté aux *Mille et une Nuits* : « Chaque année on dépense » en travaux de luxe dans Paris, une centaine de mil- » lions. » Il semblait à ces bons paysans qu'il pleuvait, dans la Capitale, de l'or, des perles et des diamants. Les jeunes, en grand nombre, ont émigré, les vieux sont restés.

» Mais, répond le Préfet, c'est l'achèvement des voies de fer, qui toutes rayonnent sur Paris, qui est la cause réelle de cette émigration.

» Assertion fausse et calculée ; les cultivateurs et les ouvriers de nos provinces sont venus envahir la ville de Paris, avec la pensée d'y travailler moins durement, d'y vivre plus à l'aise en gagnant davantage. » (*Introduction, pages* 6 *et* 7.)

Aujourd'hui, l'argument de M. le baron Haussmann n'a plus de valeur; les événements ont donné au magistrat le plus cruel démenti.

Cette exagération fiévreuse des grands travaux, surtout à l'ouest de la Ville, produisit également une hausse excessive des terrains, un agiotage indigne, triste et honteuse réminiscence de cette frénésie excitée sous la régence du duc d'Orléans, par la création de la banque de Law et le tripotage sur les actions du Missisipi.

Que de fortunes imméritées et scandaleuses! Le sens moral de Paris n'était-il pas cruellement offensé par ce contact de la richesse, qui ne devait qu'au hasard et à la spéculation le droit d'insolence qu'elle s'arrogeait?

Dans ce fumier, les faits honteux fourmillent. — En voici un, ramassé au hasard :

Il y a dix-sept ans, un père de famille laisse en mourant une fortune considérable à ses trois fils. Au plus jeune échoit, comme appoint, un lot de terrain, 12,000 mètres situés dans un des quartiers à l'ouest de Paris. L'héritier de fraîche date mène la vie à grandes guides; il possède un hôtel splendide, un magnifique attelage, il lui faut le complément : une maîtresse. Le sort, comme cela n'arrive que trop souvent, le sort favorise une de ces filles dont l'expérience consiste à racoler des acheteurs pour une virginité qui se renouvelle périodiquement et toujours plus lucrative. Le jeune homme est épris, on résiste ; un jour, il sent qu'il va triompher, mais on veut un gage solide de sa tendresse. Il cède le titre de propriété de ses terrains.

Plusieurs années s'écoulent ; depuis longtemps l'amant ruiné est évincé ; mais la fille, mais la dépouilleuse a des rentes. Un matin, certain capitaliste, concessionnaire de la Ville, pour une voie Impériale quelconque se présente pour acheter ces terrains ; on discute longuement, enfin on traite à l'amiable au prix de 1,200,000 francs. — Cela peut s'appeler le *vol à la virginité* ; il échappe à la police correctionnelle.

Ce qu'il y avait de plus affligeant lorsqu'on remuait cette boue du Paris spéculateur, c'était d'y trouver des noms qu'il semblait impossible d'y ramasser.

Pour certaines opérations de percements de rues ou de boulevards, trois personnages, bien distincts, n'ont-ils pas concouru ?

1° *L'homme de paille,*
Sans sou ni maille,

le plastron dans l'affaire ;

2° Le capitaliste fournissant les fonds ; l'homme sacoche ;

3° Le personnage influent, haut placé, dont le crédit assurait la concession ; le *Deus ex machinâ.*

Ce principal opérateur était-il un Saint-Vincent-de-Paul de la spéculation, ou bien, renouvelé des Grecs, trafiquait-il de sa haute position pour grossir tout à coup une fortune toujours insuffisante ?

Les sociétés financières n'ont jamais été publiquement appelées à l'exécution du plan de Paris ; le Préfet traitait à huis-clos. La publicité étant muette et la concurrence morte; les administrés ne connaissaient les concessionnaires qu'au moment où ces derniers se mettaient en rapport avec les expropriés, en vue d'arrangements amiables. Quant aux clauses et conditions insérées dans les traités : ignorance complète, nuit profonde.

L'Administration municipale s'est trouvée en possession d'une quantité considérable de terrains, dont la valeur a souvent dépassé 90 millions.

Comment devait-on opérer dans l'intérêt de la Ville de Paris?

Évidemment, il fallait provoquer la concurrence par la publicité, lors de la vente de ces terrains par lots plus ou moins importants.

Je l'ai tenté plusieurs fois, pourrait me répondre l'ancien Préfet; les essais n'ayant pas été justifiés par le succès, j'ai dû m'abstenir.

A cette assertion, il faut répliquer tout de suite : M. Haussmann affichait, et pour cause, ces terrains exceptionnels à des prix tellement élevés, que ces exagérations faisaient fuir les acheteurs sérieux.

Aussi, l'aliénation occulte de ces terrains avait fini par donner naissance à une espèce de bande noire qui bloquait le palais municipal, pour accaparer la plupart des transactions de ce genre.

Loin de moi la pensée de rendre suspectes toutes les transactions d'autrefois, dans les affaires de la Ville de Paris. La spéculation avait sa raison d'être ; les compagnies financières n'étaient pas sans utilité; mais il fallait que l'emploi de l'une comme celui des autres, fût toujours justifié par l'Administration Municipale, au moyen de la concurrence par la publicité.

Je sais très-bien que l'ancien Préfet de la Seine répond à toutes les critiques :

— Mes actes, inspirés par l'autorité supérieure, ont tous reçu l'approbation de la Commission Municipale, aussi suis-je maintenant hors de cause.

— C'est un moyen comme un autre de se dérober, en déclinant toute responsabilité.

Nous allons voir si M. Haussmann n'est pas discutable, même en se plaçant dans cette situation par trop modeste, en contradiction flagrante avec la dictature municipale qu'il a exercée dans toute son omnipotence.

Quels sont les éléments dont se composait cette Commission Municipale? D'où venait-elle? Qui l'avait créée?

Les membres de cette Commission administrative étaient nommés par le Pouvoir, sur la présentation du Préfet de la Seine.

Or quels intérêts devaient guider le Préfet dans la composition de sa Commission Municipale?

Le Magistrat en avait deux très-importants à sauvegarder. Comme il ne voulait être ni discuté ni responsable, il lui fallait, pour couvrir ses actes, pour les dorer, une Commission composées d'hommes honorables, mais aussi sans la moindre valeur administrative.

Un jour que le Préfet dressait une liste de candidats

à soumettre à l'Empereur, un des amis du Magistrat arriva pendant cette opération que M. Haussmann continua sans se gêner, en désignant à haute voix les noms qu'il avait déjà choisis. Comme l'ami en question signalait au Préfet un homme d'une grande érudition administrative, dont la présence à la Commission Municipale eût été précieuse pour la Ville de Paris :

— Que me proposez-vous, mon cher? dit M. Haussmann, en haussant les épaules ; mais vous n'y pensez pas, il est trop savant pour moi : — je serais discuté.

Comme on le voit, cette façon de procéder accusait une dictature administrative, négation complète de toute institution municipale.

En effet, si le premier Magistrat de la Ville de Paris doit être une émanation du Pouvoir, il est de toute nécessité que le Conseil Municipal soit le produit de l'élection.

Le Préfet de la Seine représente naturellement l'autorité ; le Conseil est l'expression de la Cité.

Le premier crée, organise; le second apprécie et contrôle.

Maintenant, quelle est la meilleure garantie du contrôle ?

L'indépendance de celui qui l'exerce.

Partant de cette vérité irréfutable, le Conseiller nommé, sur la présentation du Préfet, dont il a mission d'apprécier les actes, ne saurait avoir la même liberté d'examen et de conscience que le Conseiller arrivant dégagé de toute obligation, affranchi de toute reconnaissance.

Sans aucun doute, les membres de cette Commission municipale, sous le second Empire, ne demeuraient pas constamment silencieux et toujours approbateurs; ils pouvaient bien se permettre des observations de détail, mais quant au système imposé par le Souverain et que le Préfet exagérait, il n'a jamais subi, de la part des Conseillers la plus légère atteinte.

Quelques mois après le vote relatif à la création de nombreux boulevards et avenues qui rayonnent autour de l'Arc-de-Triomphe de l'Étoile, rencontrant un Membre de la Commission Municipale, je lui faisais part de mes craintes pour l'avenir, en présence de toutes ces grandes dépenses dont l'urgence était loin de me paraître constatée.

« Que voulez-vous? me répondit le Conseiller, l'Empereur nous a rendu assez de services, pour lui passer cette fantaisie. »

Mais voici ce qui arriva:

Le Préfet finit par se substituer au Souverain; M. Haussmann faisait adopter toutes ses volontés à la Commission Municipale en lui disant simplement : — « Cette avenue serait agréable à l'Empereur. — Je suis certain que Sa Majesté verrait avec plaisir la concession de cette voie en faveur de telle compagnie financière qui renferme dans son sein un homme dévoué à la dynastie impériale.

Comme le Souverain voyait s'opérer la transformation de Paris, le Préfet de la Seine dissimulant, avec soin, toutes les exagérations de ce système qui consistait à réaliser en quelques années, comme avec la baguette d'une fée, l'œuvre ordinaire d'un siècle, l'Empereur se montrait toujours satisfait.

Mais le jour où les travaux cessèrent tout à coup dans Paris, faute d'argent, le bandeau que le Souverain avait sur les yeux, tomba ; Napoléon III comprit alors, mais trop tard, la véritable situation financière de la Ville.

Elle était affligeante et l'on allait procéder à de nouvelles élections.

D'un côté, si le Préfet, courtisan quand même, voulant encore abuser le Souverain, récapitulait avec complaisance les travaux gigantesques, tous menés à bonne fin sous son règne ; de l'autre, les serviteurs dévoués de l'Empereur faisaient tinter à ses oreilles cette implacable vérité :

« L'administration désordonnée, follement dépensière de M. Haussmann a grossi la population de la Capitale de plus de cinq cent mille ouvriers, artisans, femmes et enfants enlevés à vos provinces. »

Et comme l'émeute, qui s'était organisée dans les clubs, débordait dans les rues de Paris, ils pouvaient ajouter :

« Voici les bandes de M. le Préfet de la Seine qui vont prendre pour point de mire la dynastie impériale. »

La Commission Municipale pouvait-elle s'opposer à l'exagération du système appliqué par M. le baron Haussmann ?

Il lui manquait, comme on l'a vu, l'indépendance qui est la vraie garantie du contrôle, et surtout la science administrative qui le rend utile et toujours efficace.

Que cette vérité devienne saisissante par une comparaison que nous offre l'étude de l'histoire municipale de Paris.

Presque tous les Conseillers de Ville, sous la Prévôté des Marchands, pendant plus de huit siècles, étaient: soit d'anciens dizainiers, soit d'anciens quartiniers; on les avait élus précisément parce qu'ils avaient prouvé, dans ces premières fonctions municipales, des qualités administratives dont l'étude est la seule dispensatrice.

Pas un des membres, au contraire, faisant partie de la Commission Municipale, de par la volonté du Préfet de la Seine, ne pouvant témoigner de connaissances semblables, il en résultait, pour cette Commission, une impuissance morale à s'opposer à toutes les excentricités du premier magistrat de la Ville de Paris.

En effet, pour argumenter sagement sur les finances municipales, sur les grands travaux d'utilité publique, sur l'assistance publique, enfin sur toutes les branches de l'administration parisienne, il ne faut pas borner son horizon à l'époque actuelle, et jusqu'à la révolution de 1789.

Il est indispensable de savoir ce que pensaient, à toutes les périodes de notre histoire municipale, nos plus illustres magistrats sur ces graves questions.

Seulement alors les discussions deviennent en quelque sorte des frottements électriques d'où jaillit la lumière.

Sur toutes les questions de premier ordre, nos modernes administrateurs improvisés sont en contradiction flagrante avec leurs devanciers sous la Prévôté des Marchands.

Comme on l'a vu, les anciens ont sauvegardé l'autorité royale, les jeunes n'ont que trop cruellement compromis le second Empire.

Certainement, si l'on avait permis à la Commission Municipale d'ouvrir ses rangs, à l'effet d'y donner place au savoir administratif, un seul homme possédant la connaissance du passé avec la science du présent, eût suffi pour démolir pièce à pièce, par des comparaisons frappantes de vérité, par des arguments iréfutables, l'aventureux système qui malheureusement a prévalu.

Je me plais à le reconnaître de nouveau : les membres composant la Commission Municipale de Paris étaient, soit des négociants recommandables, soit des architectes habiles ou des médecins bien guérissants, tous, en un mot, les premiers, l'honneur et l'exemple dans leurs professions; mais il leur manquait, à tous également, l'indispensable pour bien gérer les affaires de la Ville: le savoir administratif.

LA TROISIÈME RÉPUBLIQUE

VI

Le désastre de Sedan. — La journée du 4 septembre. — Comment se font les révolutions à Paris depuis 1789. — Mon domestique me notifie l'avènement de la troisième république. — Promenade dans Paris. — La quincaillerie populaire. — Un ancien vaudevilliste maire de Paris. — Une scène de haute comédie jouée dans l'Hôtel-de-Ville. — Les Magistrats nommés par M. Gambetta. — La statue de Voltaire et l'affiche du maire du onzième arrondissement.

Ici, c'est une œuvre nouvelle qu'il me faut entreprendre. Les deux premières parties de ce livre ont été composées à l'aide de documents empruntés à nos archives municipales. Elles étaient indispensables pour démontrer que la mauvaise administration de la Ville de Paris depuis quatre-vingts ans, avait été la cause principale des malheurs de la France.

Comme on l'a vu, les magistrats improvisés en 1789, ont amené le régime de la Terreur et produit 1793.

Les Administrateurs de pacotille de 1848 expliquent, sans la justifier, l'insurrection de juin, comme l'incapacité de l'étrange Edilité de 1870 devait infailliblement donner naissance à la Commune de Paris.

1793, 1848 et 1871, sont donc trois anneaux d'une même chaîne.

Les conséquences de cette détestable administration presque séculaire, sont visibles aujourd'hui et s'affirment comme vérités historiques.

Maintenant, ce n'est plus dans le silence du bureau qu'il me faut écrire. Les chapitres consacrés à cette troisième République, laquelle ne saurait être jalouse de ses deux sœurs ainées, ne seront que des notes succinctes, très-courtes, que j'ai prises dans la rue, à l'Hôtel-de-Ville qui en était le vestibule, dans les clubs, à la porte des boucheries, partout où j'ai pu trouver un enseignement utile, une vérité nécessaire.

Ce sont des tableaux mouvants qui vont se succéder rapidement, et nous montrer les différents quartiers de Paris durant le siége et sous le régime de la Commune.

Mes convictions politiques, je l'ai dit, n'ont jamais été sympathiques au régime impérial. Mais Napoléon III est tombé, et sans l'avoir aimé, il est bien permis de le plaindre. On répète sans cesse que l'Empereur n'aurait pas dû déclarer la guerre. Il est bien certain qu'il ne l'aurait jamais entreprise s'il eût pu la prévoir aussi funeste.

Mais je crois, en principe, que la guerre était juste, et dans l'intérêt de la France. Mais il aurait fallu que les raisons alléguées par le Souverain pour l'entreprendre, n'eussent pas été complétement en désaccord avec ses actes accomplis depuis peu.

Le jour où Napoléon III a réuni tous les tronçons

italiens, disloqués et poussiéreux, il fournissait à la Prusse l'occasion et le droit de constituer un Empire Germanique.

La question doit donc se simplifier en ces termes : Cet Empire Germanique qui va se compléter était-il une menace, un danger pour notre pays ? L'Empereur Napoléon III le croyait, et il avait raison. Mais pour conjurer ce danger, mais pour se mesurer avec un tel adversaire, il fallait être en mesure, solidement armé ; la France ne l'était pas.

Le 3 septembre, au soir, la nouvelle du désastre de Sedan parvenait à Paris, qui en fut frappé de stupeur.

Cette catastrophe fut le prétexte de la troisième République ; il y avait longtemps que l'opposition attendait un malheur pour en profiter.

Seulement, ce qui m'a toujours semblé fabuleux, c'est l'outrecuidance, je ne dirai pas des Parisiens, mais de quelques milliers d'habitants de Paris, signifiant au pays tout entier, par la poste ou par le télégraphe, la chute du second Empire et l'improvisation d'une troisième République. Ce qui me bouleverse plus encore, c'est l'acquiescement bestial de trente-cinq millions de Français subissant, tête baissée, cette impudente injonction.

Nos révolutions, depuis près d'un siècle, peuvent fournir le sujet d'une haute comédie.

La dernière surtout est curieuse. Une centaine de personnages ambitieux ou déclassés font à la tribune et dans les journaux une guerre au Pouvoir établi. Ils amorcent le peuple en le flattant avec des phrases sonores. Dans une Capitale comme Paris qui sert de récipient à toutes les impuretés, à tous les vices de la province et de l'étranger, ils sont assurés d'avoir une clientèle tout de suite, une armée bientôt.

Cette armée se compose de vingt mille bohêmes, au moins, pour lesquels le rôle d'émeutiers est une profession libérale ; comme ils n'ont rien à perdre, il leur est permis de tout oser.

Ces bandits, pour la plupart, sont des repris de justice et des ouvriers postiches ; ils excitent les appétits, exaltent les convoitises des vrais travailleurs enlevés en trop grand nombre à l'atelier au profit du cabaret.

Là, on pérore, on se monte la tête, on se fait révolutionnaire, on s'improvise républicain.

Qu'une catastrophe arrive soudain, le gouverment auquel on donne un croc en jambe est renversé. On chasse comme des laquais les mandataires de la nation.

Alors, les personnages en question rentrent en scène. Ces premiers rôles, ces grands citoyens poussent par les épaules les ministres qu'ils ont attaqués la veille, les mettent dehors, prennent leurs places — et le tour est fait.

Les vrais Parisiens, les honnêtes gens, les moutons, il est vrai, bêlent pendant quelques jours ; mais les loups montrent les dents, les moutons se taisent. Le silence des moutons c'est l'approbation de Paris, c'est la consécration de la république sans une goutte de sang, mais avec des taches de boue.

8

Comme je l'ai dit, la débâcle de Sedan fùt exploitée au profit de la troisième République.

La défense nationale seule eût réuni la France, la République fit éclater la division.

La population saine de Paris n'eut d'abord qu'un sentiment, qu'une volonté, qu'une âme: la résistance.

On va voir à quels administrateurs, ces gouvernants par surprise confièrent la sainte mission de favoriser la défense de la Capitale. On va voir comment ces magistrats de hasard gaspillèrent cet héroïsme et frappèrent de stérilité nos abondantes ressources d'énergie comme ils ont laissé pourrir les approvisionnements de Paris.

J'étais malade, au lit, lorsqu'on m'apprit l'éclosion de la troisième République. Elle me fut annoncée officiellement et de la manière suivante par mon domestique.

— Baptiste, lui dis-je, préparez-vous à sortir; nous avons plusieurs courses à faire.

Une demi-heure s'écoule; Baptiste ne paraît pas. J'allai le trouver à l'écurie. Il était en tête-à-tête avec une bouteille de vin qu'il avait empruntée à ma cave, sans lui donner de reçu.

— Eh bien ! Est-ce pour demain ?

— Pas plus que pour aujourd'hui, Citoyen, répondit lentement mon homme, après s'être rincé le gosier. Il est bien question de cela, sous la République. Nous allons mettre dessus ce qui était dessous; à chacun son tour. Portez-vous bien, je vais faire l'exercice ; on se doit à sa patrie. — Baptiste prit son fusil et sortit.

Cependant, ce domestique avait toujours été un brave garçon, avant le 4 septembre. Mais comme après l'exercice, il allait au cabaret avec ses voisins et amis, le Cicéron de la bande l'avait converti aux idées républicaines qu'ils arrosaient d'un vin qui n'était pas généreux; car il leur faisait dire : plus de riches, pas de patrons qui nous exploitent, nous sommes tous égaux; s'ils bougent nous les rosserons.

Comme je n'avais pas envie de leur permettre l'application de ces sages principes, je me décidai à sortir pour faire mes petites affaires moi-même.

Je suivis la chaussée de Ménilmontant, un grand mouvement régnait dans la rue; les gardes nationaux montaient, descendaient, se croisaient. Presque tous portaient des képis couronnés de liserés d'argent, qui se répétaient sur les manches des uniformes; jusqu'aux sergents qui semblaient fiers de leurs sardines. Des médailles de toute grandeur, et parfaitement récurées, s'épanouissaient sur la poitrine du plus grand nombre. Quelle singulière quincaillerie pour des républicains ! Où donc est leur deuxième commandement : *Egalité* ? Il n'est bon qu'à plaquer sur les murs de nos monuments.

Encore, si Notre-Dame, la Sainte-Chapelle, le vieux Louvre, le Panthéon et l'Hôtel-des-Invalides pouvaient parler, ils ne seraient guère flattés de se voir assimilés à des corps de garde.

Tout en réfléchissant, j'arrivai à l'Hôtel-de-Ville. Pour compléter mes études municipales, il me fallait apprécier les actes des administrateurs républicains.

Comme j'avais mes grandes et petites entrées, je parvins assez facilement dans la ci-devant salle du Trône.

J'avisai un superbe vieillard qui pérorait avec beaucoup de gravité.

— C'est le citoyen Étienne Arago, le maire de Paris, me dit un garçon de bureau.

— Comment, un ancien vaudevilliste premier Magistrat de la Ville de Paris !

Au même instant, un grand tumulte se fait entendre. Des masses de gardes nationaux envahissent la Place. Les rangs s'ouvrent. Des délégués montent les degrés du palais municipal et pénètrent dans la grande salle.

Je remarque la présence des citoyens Jules Simon, Rochefort et Ferry.

Un monsieur âgé, mais fort laid, réclame le silence et demande à parler.

— Nous vous écoutons, citoyen, dit Jules Simon.

L'orateur s'exprime en ces termes :

— Nous avons la République, nous la soutiendrons; nous combattrons jusqu'à la mort du dernier d'entre nous (sensation). Imitons 92. Pas un homme ne doit reculer; nous demandons la levée en masse. Les enfants de dix ans peuvent aussi combattre pour la patrie. J'avais dix ans quand j'ai commencé ; les enfants deviennent aussi forts que des hommes, quand ils ont l'exemple des anciens.

Le citoyen délégué ajoute :

— Autorisez-nous à faire des barricades, à ouvrir

des tranchées, même sous le feu de l'ennemi. (Oui, oui; vive la République!)

Le Citoyen Rochefort. — Nous avons étudié, Citoyens, un plan de barricades ; nous avons entendu des officiers, des ingénieurs, des auteurs d'inventions nouvelles. Il importe donc que le service des barricades soit centralisé, il faut que nos efforts soient communs. Ce ne sont pas des barricades faites par 20 hommes qu'il nous faut; mais des barricades faites par 100,000 hommes. (Applaudissements.)

Le citoyen Jules Simon. — Les Prussiens ont étudié silencieusement l'art de la guerre ; après avoir lutté régulièrement contre eux, nous leur ménageons une guerre qu'ils ignorent : la guerre des barricades. (En montrant Rochefort). Nous avons choisi l'homme que voilà, dévoué au pays et à la République.

Les hommes qui ont accepté le gouvernement de la défense nationale, ne sont pas des hommes qui accepteraient une capitulation. Il n'y a pas un homme de cœur qui n'aurait refusé avec indignation toute capitulation. En vous remerciant de la preuve de confiance que vous donnez au gouvernement, je dois ajouter que nous avons pensé aux élections parce que nous sommes des hommes de suffrage universel. Nous voulons la République par la souveraineté nationale. Quand nous nous trouvons investis de fonctions publiques, nous demandons à nous retremper dans le sein du peuple. Vous manifestez des inquiétudes parce que l'ennemi est là ; parce que du haut de nos monuments nous pouvons apercevoir ses casques; vous pensez que lorsqu'il s'agit de lutter à outrance contre l'ennemi, il ne faut pas qu'il y ait place à des préoccupations mesquines. Nous avons délibéré sur la question de savoir si, en effet le moment est bien choisi pour les élections. Gouvernement sorti du peuple, nous accueillons la volonté du peuple. Nous allons délibérer de nouveau; il ne se passera pas six heures avant que nous ayons décidé.

Nous sommes tous d'accord; nous sommes unis par la même pensée; tous nous voulons mourir pour la République. (Applaudissements.)

Paris a donné à la France et au monde le spectacle du dévouement à la démocratie que résume ce cher mot :

République !

Nous avons été à la tête des armées, nous avons été à la tête des idées; nous défendrons, s'il le faut, Paris et nous y laisserons, s'il le faut, nos cadavres. (Vifs applaudissements, mêlés de cris nombreux: vive la République.) Dites aux citoyens rassemblés sur cette Place qu'il n'y a qu'un cœur dans la Ville de Paris; nous voulons tous l'union. Nous sommes tous frères pour combattre jusqu'à la mort au cri de vive la République! Nous voulons vaincre ou mourir. (Applaudissements prolongés, nouveaux cris de vive la République!)

Le citoyen Arago, maire de Paris. — Après les admirables paroles que vous venez d'entendre, permettez au Maire de Paris de dire deux mots seulement. Acclamé deux fois par le peuple dans cet Hôtel-de-Ville, le jour de la Révolution, j'ai dit que j'acceptais parce que le péril était grand. Jamais Etienne Arrago ne présentera les clefs de l'Hôtel-de-Ville aux Prussiens. Il y a dans l'histoire des exemples fameux; je l'ai juré déjà en présence des vingt maires. Si Paris a été la Sodôme de l'Empire, il sera la Saragosse de la République (Applaudissements prolongés et enthousiastes.) Et si la Saragosse ne suffit pas, la torche en main, nous ferons, moi à votre tête, de Paris un Moscou. (Oui, oui, vive la République!)

Le citoyen Jules Ferry. — Citoyens, nous avions eu le scrupule de rendre le pouvoir au Peuple : il nous dit de le garder. Nous sommes deux fois consacrés. Nous ne signerons jamais avec l'ennemi un traité de paix qui ne soit à notre honneur. Nous sommes le Gouvernement de la Guerre. Nous ne voulons ni capitulation, ni traité, nous voulons la guerre à mort pour la République et la Patrie. (*Salves d'applaudissements.*) (1)

L'émotion m'avait gagné ; le Parisien est candide. Parbleu, dis-je en quittant la salle du Trône devenue la salle du Peuple, le citoyen Jules Favre ne donnera pas une pierre de nos forteresses ; le citoyen Rochefort réunira cent mille hommes derrière des barricades ; le citoyen Arago fera de la Ville, s'il le faut, la Saragosse de la République ; au besoin, la torche en main, il

---

(1) Toute cette séance est reproduite dans le premier numéro du journal *la Municipalité*, organe officiel de la Mairie de Paris. Cette feuille, affichée sur les murs de la Capitale, ne compte que 14 numéros.

saura se mettre à notre tête pour faire de Paris un Moscou. Avec de tels hommes, avec ces fiers courages, la France et Paris doivent être sauvés.

Une seule chose me préoccupait, en gagnant le boulevard du Temple : c'était de savoir comment le Maire vaudevilliste administrerait la Ville de Paris. Il ne sera pas question seulement, en cette circonstance, d'improviser des discours, de composer des couplets ; le républicanisme plus ou moins avancé ne suffit pas.

Le hasard me fit jeter les yeux sur une des nombreuses affiches qui couvraient le mur des Archives Nationales. C'était la liste des Maires et Adjoints des vingt arrondissements de Paris. Elle répétait, divisée en soixante-trois personnes, l'innocence administrative du Maire de Paris ; peu de noms appréciés, pas un seul administrateur. L'avocat Gambetta n'avait pas été très-heureux dans le choix des lieutenants du Maire de Paris. C'était un assemblage de toutes les professions, à l'exception de celle qui était indispensable.

La même indigence administrative s'accusait dans le Gouvernement de la Défense nationale. On y voyait bien un général, des avocats, des publicistes, mais pas un seul administrateur, même imberbe.

Dès ce jour, j'eus le pressentiment de malheurs irréparables.

Sait-on à quoi s'amusait le citoyen Étienne Arago, le premier magistrat de la Ville de Paris? Le journal officiel de la République va nous l'apprendre.

Le Maire de Paris arrête :

Article 1er. Une commission de vingt citoyens sera chargée de reviser les dénominations des rues de Paris.

Art. 2. Le Maire de Paris, ses adjoints et le secrétaire-général de la Mairie de Paris, sont membres de cette Commission.

Art. 3. Les quatorze autres membres de la Commission seront élus par l'assemblée des Maires et Adjoints des vingt arrondissements de Paris.

Art. 4. Dès à présent, le Maire de Paris, interprète du vœu populaire, décide :

La rue dite du Dix-Décembre prendra le nom de *Rue du Quatre-Septembre.*

C'était là une insigne maladresse, sans aucune nécessité. Si l'on voulait à tout prix effacer ce nom malheureux de Rue du Dix-Décembre, il ne fallait pas le remplacer par une autre provocation politique. On pouvait facilement choisir, parmi nos illustrations littéraires, scientifiques ou militaires, un nom sur lequel toutes les opinions eussent été parfaitement d'accord.

A quoi bon modifier l'état civil des Rues de Paris lorsqu'on a de précieux intérêts à sauvegarder. Cette substitution en amena tout naturellement une autre aussi malencontreuse.

Dans le journal officiel, numéro du 25 octobre 1870, on lit ce qui suit :

« Par décision du Maire de Paris, prise sur la proposition de M. Arthur de Fonvielle, Maire du XIe arrondissement, le Boulevard du Prince-Eugène portera désormais le nom de *Boulevard de Voltaire*, et la statue du grand philosophe remplacera celle d'Eugène de Beauharnais. »

Deux jours après, l'affiche suivante était apposée sur tous les murs dans le XIe arrondissement :

» CITOYENS, l'administration supérieure de la Ville de Paris a consenti à faire disparaître de notre arrondissement la statue du Prince-Eugène qui n'y aurait jamais figuré sans le crime de décembre. C'est avec bonheur que nous vous notifions cette mesure ; nous remercions en votre nom le citoyen Arago de sa résolution patriotique. Voltaire représente la liberté de la pensée, c'est-à-dire le droit le plus sacré. Il a souffert à la Bastille ; sa statue ne saurait être mieux placée que dans la circonscription de la Bastille, dans ce onzième arrondissement dont la population républicaine a toujours manifesté hautement son aversion pour toute compression intellectuelle et morale. L'image du grand philosophe nous enseignera à la fois la tolérance pour les opinions et la résistance contre toute tentative insensée dont le but avoué ou caché serait de reconstituer un passé à jamais disparu.

» Quant à la statue du Prince Eugène, qu'on la fonde pour en faire des canons. — Vive la République !...

Les adjoints,	Le maire provisoire du XIme.
THOUVENAINT et DACHEUX.	A. DE FONVIELLE.

La décision du Maire de Paris et l'affiche de son subordonné, étaient aussi maladroites, au point de vue administratif, qu'inconvenantes sous le rapport de l'histoire.

Au point de vue administratif : il y avait déjà dans Paris un quai de Voltaire ; la répétition de ce nom avait donc l'inconvénient de faire naître des erreurs, de produire une confusion nuisible aux habitants de cette Ville.

Sous le rapport de l'histoire: Voltaire avait été le commensal de Frédéric II ; c'était donc une inconvenance de glorifier cet écrivain, au moment ou l'un des descendants de ce roi faisait à la France une guerre sans pitié.

Commentdes républicains, comme les citoyens Arago et de Fonvielle s'intitulaient, dans leur enthousiasme pour Voltaire, ne se sont-ils pas rappelé que le poëte, grâce à la protection de la marquise de Pompadour, avait obtenu la charge de gentilhomme de la Chambre du Roi?

Comment le Maire de Paris et celui du XIme arrondissement avaient-ils oublié que ce familier de Frédéric II avait accepté, de ce souverain étranger, la table, des équipages, la clef de Chambellan, la croix du Mérite et 20,000 livres de pension ?

Il n'est pas besoin d'être républicain, au contraire, pour se rappeler de quelle odieuse façon Voltaire a profané, dans un poëme, qui est notre honte et sa flétrissure, la gloire la plus pure, la plus touchante de la France : — celle de Jeanne d'Arc.

Cette débauche du talent de Voltaire, ce crime de son génie, son existence entachée d'une période allemande, commandaient le silence sinon l'oubli.

Il appartenait au Magistrat de la troisième République de faire une nouvelle apothéose de Voltaire, au bruit du canon des Prussiens.

Dans la situation si douloureuse où se trouvait placée la Capitale, quel jugement peut-on porter sur des hommes qui, loin de concentrer leurs efforts sur l'administration municipale qu'ils ont mission de sauvegarder, gaspillent une partie de leur temps à modifier maladroitement la nomenclature des rues de Paris ?

Comme il ne me sera que trop facile de le démontrer, l'incapacité s'agitait impuissante à l'Hôtel-de-Ville, et régnait dans les mairies transformées en clubs.

VII

MM. Etienne Arago et Jules Ferry; leurs antécédents administratifs. — Approvisionnement de Paris. — Rationnement tardif de la viande de boucherie ; gaspillage qui dérobe plus d'un mois à la défense. — Le pain n'est rationné que le 18 janvier. — Anarchie administrative. — Stationnement homicide aux portes obstruées des boucheries et des boulangeries. — Dans l'espace de 161 jours, soixante-trois mille huit cent cinquante-quatre décès, sans compter les morts du champ de bataille, sont enregistrés aux Mairies.

De toutes les questions, celle de l'*approvisionnement de Paris* était la plus difficile. Pour la traiter avec sagesse, et la résoudre au mieux de la défense de la Capitale, il fallait, à tout prix, un véritable administrateur, un Magistrat ayant étudié longuement Paris, et le sachant par cœur.

Le simple bon sens, éclairé par un rayon de patriotisme, devait démontrer à tous les membres du Gouvernement de la Défense nationale, l'insuffisance du Maire de Paris.

En effet, on n'improvise pas un Magistrat Municipal, et le talent que possédait M. Étienne Arago à lancer un couplet de vaudeville ne pouvait témoigner raisonnablement de la science administrative du Maire de Paris.

Cette étrange aberration était d'autant moins excusable que la plupart des membres du Gouvernement connaissaient parfaitement, et de longue date, les hommes dont l'intelligence administrative eût été si précieuse pour assurer l'approvisionnement de Paris, et prolonger sa durée jusqu'à la dernière limite du possible.

Après avoir subi M. Étienne Arago, la Mairie centrale de Paris eut à souffrir de M. Jules Ferry. Même nullité administrative, avec beaucoup d'orgueil en plus.

Son opposition, délayée dans une brochure, heureuse dans la forme, mais sans la moindre signification administrative, l'avait désigné au choix du nouveau Gouvernement.

Cet ouvrage brillait par son titre : *Les Comptes fantastiques d'Haussmann* ; mais c'était là évidemment le seul titre de M. Jules Ferry à la reconnaissance de la Ville de Paris.

On va voir quelle anarchie municipale fut la conséquence de cette défaillance administrative.

Le 4 septembre, le second Empire a disparu ; la troisième République le remplace. — Le 20 du même mois l'investissement de Paris est complet. — Le rationnement de la viande de boucherie ne commence que le 16 octobre. — Celui du pain le 18 janvier seulement. — Que le lecteur retienne ces dates.

Pour soutenir le siége d'une Capitale, quel est le premier des intérêts à sauvegarder?

Son approvisionnement qu'il importe de faire durer le plus longtemps possible.

Des défenseurs dans Paris, où la résistance n'avait qu'une âme, on était assuré d'en compter un grand nombre. Mais plus l'on espérait ce nombre considérable, plus la sécurité de l'approvisionnement devenait impérieuse.

Du 4 au 20 septembre, le nouveau gouvernement avait seize jours pour compléter l'approvisionnement de Paris.

Du 20 septembre au 16 octobre, il laisse la Capitale consommer à sa guise la viande de boucherie, et le pain demeure à sa discrétion jusqu'au 18 janvier ; c'est à dire la viande pendant vingt-sept jours, et le pain pendant plus de trois mois.

Aussi, la fortune et l'aisance achètent de la viande plus qu'il ne leur en faut pour vivre. La peur fait provision de pain, et comme le fourrage coûte relativement plus cher, bon nombre de gens donnent du pain à leurs chevaux en guise d'avoine, de foin, de paille et de son.

En quels termes doit-on stigmatiser une administration qui laisse consommer par des animaux une partie de ce pain, qui était alors du gâteau en comparaison de l'horrible mélange que subit plus tard la population de Paris, pour ne pas mourir de faim.

Ce premier gaspillage a dérobé certainement à la défense plus d'un mois d'héroïsme.

On va voir comme les fautes s'enchaînent en administration.

Le rationnement tardif de la viande est fixé d'abord à 100 grammes par jour et par personne et à 50 grammes pour les enfants, puis ce rationnement s'abaisse à 60 grammes, enfin à 33 jusqu'au 15 novembre.

Ce jour-là, le bœuf et le mouton étant épuisés, on réquisitionne les chevaux.

Eh bien, pourquoi n'avoir pas rationné, dès le principe, c'est-à-dire le 20 septembre, la viande de boucherie à 60 grammes ? N'a-t-on pas été forcé d'en abaisser la quantité à 33 grammes ?

En ce qui concerne le pain, même défaillance administrative, mais encore plus déplorable dans ses résultats.

En temps ordinaire, la consommation journalière de Paris, s'élève en chiffres ronds, à 1 million de kilogr., soit 500 grammes par habitant, sans aucune distinction d'âge. Dès le 20 septembre, on devait le rationner à 300 grammes. Cette quantité aurait été suffisante si le pain eût conservé jusqu'au dernier jour toutes ses qualités nutritives. Lorsque la population a été forcée de subir ces 300 grammes, ce n'est pas du pain, mais du poison qu'on lui a donné.

Le désordre, comme la tache d'huile, s'étendit partout dans Paris ; ses conséquences fatales s'accusèrent par le stationnement énervant de nos femmes et de nos filles, grelottant de froid et de faim aux portes toujours obstruées des boucheries et des boulangeries, pendant les longues heures d'un hiver implacable.

Ce stationnement homicide, on pouvait l'épargner à la malheureuse population de la Capitale. En se prolongeant, il devint le complice de l'affreuse épidémie qui fauchait les habitants de Paris.

Voici une nomenclature funèbre qui doit clouer au pilori de l'histoire les noms des Magistrats ignares qui administrèrent la Ville de Paris sous le Gouvernement de la Défense nationale.

Décès constatés à Paris du 18 *septembre* 1870 *au* 25 *février* 1871 (161 jours).

Du 18 au 24 septembre 1870	1,272
Du 25 septembre au 1er octobre	1,344
Du 2 au 8 octobre	1,483
Du 9 au 15	1,610
Du 16 au 22	1,746
Du 23 au 29	1,878
Du 30 octobre au 5 novembre	1,762
Du 6 au 12 novembre	1,885
Du 13 au 19	2,064
Du 20 au 26	1,927
Du 27 novembre au 3 décembre	2,023
Du 4 au 10 décembre	2,455
A reporter	21,449

Report.	21,449
Du 11 au 17	2,728
Du 18 au 24	2,728
Du 25 au 31	3,280
Du 1 au 6 janvier 1871.	3,680
Du 7 au 13	3,982
Du 14 au 20	4,465
Du 21 au 27	4,376
Du 28 janvier au 2 février	4,671
Du 3 au 10 février	4,451
Du 11 au 17	4,103
Du 18 au 25	3,941
	63,854

Ces chiffres, sans compter ceux du champ de bataille, font saigner le cœur. Sans doute, l'épidémie revendique une part dans cette effrayante mortalité; mais, le long stationnement de nos femmes et de nos filles aux portes des boucheries et des boulangeries, par un froid glacial, doit être envisagé, je le répète, comme l'auxiliaire du fléau, dans son affreuse tuerie.

En économisant le pain, en le rationnant à 300 grammes, on pouvait non-seulement prolonger la défense, mais encore épargner à Paris l'affreux aliment dont il a tant souffert.

En effet, comme on a pu le voir, par la triste nomenclature ci-dessus, c'est surtout à partir du jour où le pain est devenu détestable, que la mortalité s'est accusée plus terrible, plus foudroyante encore. Les décès au nombre de 3,932; du 7 au 13 janvier, s'élèvent, du 28 janvier au 2 février, à 4,671.

Ce pain, qui trompait la faim, renfermait la mort.

Dans son ouvrage intitulé *Paris pendant le siége*, M. Arnold Henryot s'exprime en ces termes : (page 131.).

« Le pain de Paris, à partir du 20 janvier, n'était plus qu'un horrible mélange de toutes sortes de graines où le froment n'entrait que pour mémoire. La menue paille d'avoine s'y retrouvait tout entière, déchirant le gosier des ses aiguilles pénétrantes. Comme le son dominait dans ce pain, et comme la vraie farine s'y trouvait en proportion insuffisante, il fallut suppléer, par des additions de phosphate de chaux, à l'absence des aliments nutritifs de la pâte. On recueillit des vieux ossements, provenant des catacombes, qui, réduits en farine, furent mêlés à celle qui sortait des moulins. Ainsi Paris, sans le savoir, mangea les os de ses ancêtres comme cela eut lieu déjà lors du siége que lui fit subir Henri IV.

En note, on lit au bas de la même page 131 : « M. Magnin, ministre du Commerce, a affirmé le fait en » notre présence, à Bordeaux, devant MM. Dorian, » Lanfrey et Ed. Texier. Sans le phosphate de chaux » tiré des ossements il eût été impossible de nourrir » Paris avec le pain de son des huit ou dix derniers » jours. »

Maintenant, sait-on pourquoi le rationnement de la viande et du pain a été si défectueux?

Parce que le recensement exact de la population de

Paris n'existait pas et n'a jamais existé pendant toute la durée du gouvernement de la défense nationale et de la Commune.

Le gaspillage et le désordre sont venus de là.

En effet, pour distribuer à chaque habitant d'une Ville assiégée une portion égale de viande ou de pain, que faut-il?

Connaître le chiffre de sa population.

On comprend aisément, que du 4 au 20 septembre, un nouveau recensement de la population de Paris, pendant cette période, eût présenté certaines difficultés, et fait naître de nombreuses erreurs, parce que les entrées dans la Ville ne coïncidaient pas avec les sorties, le flot se déplaçant chaque jour, à tous les instants.

Mais lorsque Paris s'est trouvé rigoureusement enfermé dans un cercle de fer, le recensement devenait non-seulement possible, mais encore d'une exécution facile.

Dès le 20 septembre, le premier Magistrat placé à l'Hôtel-de-Ville, devait donc entreprendre ce travail de premier ordre et d'urgente nécessité, au lieu de l'abandonner à l'inexpérience des Maires des vingt arrondissements de Paris.

L'incapacité de M. Étienne Arago et de M. Jules Ferry, en se fractionnant en vingt magistrats improvisés, devait naturellement engendrer de nombreux abus.

Certains arrondissements obtinrent plus de viande qu'ils n'en devaient avoir, tandis que d'autres n'en reçurent pas assez ; comme l'excédant en faveur des premiers ne fut jamais restitué, il faut le considérer comme un second gaspillage qui dut diminuer encore la durée de la résistance possible de Paris.

Ici, je vais exposer le système bien simple qu'il fallait improviser et dont l'application pouvait être à peu près instantanée.

Cette faculté d'improvisation administrative n'est possible qu'après de longues études municipales; l'inexpérience et l'incapacité tâtonnent durant de longs jours pour n'aboutir qu'à l'imperfection ou à l'impuissance.

J'ai dit que dès le jour de l'investissement, le 20 septembre, la première et la plus utile mesure à prendre eut été le recensement de la population de Paris.

Les moyens d'une bonne exécution ne manquaient pas ; mais ce travail. pour être exact, devait émaner de la Mairie centrale. Il ne fallait pas le subir défectueux ou fractionné.

M. Étienne Arago devait l'entreprendre, en poursuivre l'exécution et l'imposer ensuite aux Maires des vingt arrondissements de Paris. Huit ou dix jours eussent suffi pour mener à bonne fin cette intéressante opération.

En effet, parmi les différents services dont se composait l'administration municipale, plusieurs végétaient inactifs par le fait des événements, notamment la grande Voirie et les Travaux-Publics.

Ces deux services comptaient d'excellents employés qui seraient devenus de précieux auxiliaires.

Il fallait, par exemple, utiliser les Commissaires et les inspecteurs-voyers, leur adjoindre un certain nombre de chefs ou de sous-chefs de bureau.

Chacun d'eux, ayant sous ses ordres un expéditionnaire, eût été chargé du recensement de la population d'un quartier.

Comme tous les employés supérieurs devaient opérer simultanément, l'exécution eût été prompte, rapide et le recensement irréprochable.

Les tableaux imprimés et préparés à l'avance pour les désignations sommaires, eussent fourni les indications suivantes : les noms et prénoms de chaque habitant, son âge, sa profession, le lieu de sa naissance et depuis quand à Paris. Plusieurs colonnes de ces tableaux eussent été réservées pour les remplir comme je le dirai tout à l'heure.

Le Maire de Paris devait ensuite rédiger et faire placarder dans les rues une affiche dont voici le sens :

— Les habitants des Communes suburbaines qui viendront chercher un refuge dans la Capitale devront se rendre dans les mairies des arrondissements, dans la circonscription desquels ils ont l'intention de se pourvoir de logements. Ils s'y feront inscrire et fourniront les renseignements suivants : les noms des Communes qu'ils ont quittées, — la désignation des rues, les numéros des maisons. — Les personnes qui possèdent des champs ou des jardins sont tenues de déclarer les produits qu'ils en tiraient, et de faire connaître si les récoltes sont faites, à faire, ou inachevées. »

Ce recensement bien fait, d'une manière uniforme

pour tous les arrondissements, devait non-seulement servir de base au rationnement de la viande et du pain; mais il devenait encore précieux pour tous ce qui concernait l'armement, l'habillement de la garde nationale, les distributions de vivres, etc. En un mot, le recensement eût servi de moteur à tous les services administratifs.

Deux ou trois Maires, plus intelligents que leurs collègues, ont bien cherché à suppléer à la défaillance du premier Magistrat de la Ville de Paris; mais leurs tentatives n'ont obtenu que des résultats partiels et presque insignifiants. — Le désordre régnait presque partout.

Ainsi, dans le XIe arrondissement, où sont installés mes bureaux, on est venu quatorze fois pour le recensement, tantôt en ce qui concernait le dénombrement de la population, plus souvent des bons de pain, ou bien pour l'armement de la garde nationale, enfin pour différents motifs. Toutes ces démarches, toutes ces répétitions, eussent été complétement épargnées, si le travail que je viens d'indiquer avait été réalisé dès l'investissement de Paris.

Dans le XXe arrondissement, où sont établies mes archives mnnicipales, les visites ont été, pour ainsi dire, quotidiennes, et le désordre finit par y atteindre son apogée.

Le stationnement aux portes des boucheries se prolongeait d'ordinaire durant trois mortelles heures ; il a fallu, lors de la dernière quinzaine du siége, passer souvent la nuit à la porte des boulangeries pour avoir la certitude d'obtenir, le matin, 300 grammes d'un pain qui vous empoisonnait. J'ai dit que le recensement devait être la base de toutes les opérations administratives. Admettons qu'il ait constaté l'existence de 2 millions d'habitants à Paris, avec mille boucheries et autant de boulangeries. A l'instant, il fallait transformer ces établissements, en boucheries et boulangeries *municipales*. — Cela s'est fait, mais imparfaitement et beaucoup trop tard.

On devait calculer ensuite combien chaque établissement pouvait desservir d'habitants en un jour, afin d'augmenter le nombre des boucheries et des boulangeries, en cas d'insuffisance. Ce calcul terminé, une autre opération devenait nécessaire ; elle consistait à classer, par groupes, la population d'un quartier, de manière à pouvoir éviter la confusion. Ce résultat était facile à obtenir par un travail complémentaire qui consistait, toujours en prenant pour base un recensement exact, à délivrer à chaque famille une carte de boucherie et de boulangerie.

Cette carte devait mentionner le nom du chef de la famille, des grandes personnes et des enfants qui la composaient, la désignation de la rue, le numéro de la maison et *l'heure à laquelle on devait se présenter chez le boucher et chez le boulanger.*

Ainsi, le recensement terminé, la coïncidence exactement établie entre le nombre des boucheries et des boulangeries et celui des habitants à desservir par ces établissements, les groupes de population régulièrement formés, les cartes sagement distribuées, le stationnement prolongé disparaissait tout à coup et le gaspillage cessait à l'instant.

Si le désordre s'est prolongé, si le mal loin de diminuer, n'a fait qu'empirer, les vrais coupables sont ces magistrats improvisés, qui ont exercé des fonctions que leur ignorance leur défendait d'accepter.

VIII

Les Maires des vingt arrondissements de Paris. — Le citoyen Mottu décroche les crucifix et les met à la porte. — Le Comité d'armement du vingtième et l'instruction obligatoire et laïque. — Ce qu'on entend par administrer révolutionnairement. — Le 31 octobre à l'Hôtel-de-Ville.

On a vu, dans le chapitre précédent, M. Étienne Arago et son successeur, M. Jules Ferry, au lieu d'organiser tous les services administratifs dans l'intérêt de la défense de la Capitale, livrer l'Hôtel-de-Ville aux divagations des Maires des vingt arrondissements de Paris. On y pérorait, on s'exaltait, on n'administrait pas.

Rentré dans sa Mairie, chaque Magistrat gouvernait son arrondissement à sa guise, presque tous en vrai tyran.

Le Maire du XIme décrochait les crucifix qu'il expulsait des écoles et des salles d'asile. Il rédigeait des affiches, beaucoup d'affiches. Sur l'une d'elles s'épanouissaient les préférences du Magistrat pour l'instruction primaire gratuite, *obligatoire* et *laïque* à l'exclusion absolue de l'instruction *congréganiste*.

« La première, écrivait le citoyen Jules Mottu, fait seule des hommes libres, la seconde des esclaves. »

Cette maxime républicaine n'était pas consolante, encore moins flatteuse pour les soixante mille Parisiens, grands ou petits, ayant fréquenté nos écoles congréganistes.

Plaisante manière d'inaugurer un prétendu régime de liberté que d'en proscrire l'usage!

Le Maire du XXme arrondissement avouait des prétentions moins littéraires ; c'était un marchand de vin en détail, profession fort honorable sans doute, très-lucrative alors, mais fort peu municipale. Le Maire du XXme laissait son comité d'armement afficher les mêmes préférences en faveur de l'instruction laïque et obligatoire, mais en termes moins fleuris.

Ce Comité d'armement faisant fonctions de Conseil municipal, avant de manifester son opinion, aurait été sagement inspiré s'il eût imposé l'instruction obligatoire à chacun de ses membres.

Chose singulière, dans Paris, dans cette Capitale qu'on appelait autrefois la Cité-Reine de l'Europe, d'où partait, disait-on, le premier rayonnement qui éclairait le monde, dans cette ville qui comptait deux millions d'habitants, la République ne pouvait revendiquer à sa louange un seul administrateur sérieux et capable.

Cette étrange pénurie était-elle aussi complète, aussi

désolante? Je ne le crois pas ; seulement l'incapacité et l'ignorance qui dominaient par le nombre, en haut comme en bas, avaient intérêt, pour avoir leurs coudées franches, à proscrire toutes les spécialités, toutes les intelligences administratives.

Un jour, un écrivain dont toute l'existence avait été consacrée à l'étude de l'administration municipale de Paris, demande à parler à un de ces édiles de bas étage que la troisième République venait de faire éclore.

Un garçon de bureau lui désigne un homme gros et court, une façon de futaille cerclée d'une écharpe dont la couleur rouge, en s'épanouissant, dissimulait le blanc et le bleu qui allaient cesser d'être de mode.

« Monsieur le Maire, dit l'écrivain, dans les circonstances si graves où nous sommes placés, tout homme de cœur doit chercher à se rendre utile. Si mon expérience des questions administratives peut vous être nécessaire, je me mets entièrement à votre disposition. Confiez-moi un service gratuit, n'importe lequel; je ferai tous mes efforts pour le diriger au mieux des intérêts de votre arrondissement. »

— Citoyen rédacteur, répondit le Magistrat en souriant avec dédain, vos études ne peuvent nous servir présentement, nous voulons administrer *révolutionnairement.*

Les cimetières de Paris savent seuls ce qu'a dû coûter de victimes à la population de la Capitale pour avoir subi le malheur et la honte d'être administrée *révolutionnairement.*

Notez que ce Magistrat postiche était aussi fier de porter son écharpe que l'âne de la fable de ses reliques ; il s'en affublait, je dis le Magistrat, non-seulement à sa Mairie, mais il la conservait encore dans la rue, chez lui, à table, au lit et quand sa femme se plaignait parfois que cette loque était gênante, le Maire en question répondait gravement : en République, un Magistrat doit tout faire révolutionnairement et avec ses insignes.

Quelques jours après, c'était le 31 octobre, je quittais mon bureau pour me rendre à l'Hôtel-de-Ville.

J'étais sur le boulevard. Quelle différence ! Quel changement! Je me rappelais l'animation, la joie de Paris lors de *l'Exposition*. Les peuples, les souverains venant assister à ce grand et magnifique concours. Aujourd'hui, la guerre acharnée, Paris grelottant de froid et de faim. Ces riches magasins qui étalaient à l'envi les séductions des arts et du luxe, presque tous fermés aujourd'hui. Plus de brillants équipages, plus de belles dames qui semblaient émailler de fleurs cette délicieuse promenade; les roues des caissons déchiraient seules cette voie maintenant triste et lugubre comme la grande allée d'un cimetière.

J'avais froid, je me sentais souffrir des malheurs de Paris. Plus de spectacles, les cafés tous fermés à dix heures du soir et la Ville dans les ténèbres.

A quels misérables et stupides administrateurs sommes-nous soumis ? dis-je en moi-même. Pourquoi cet air farouche, ce visage refrogné ? C'est méconnaître étrangement le caractère parisien ; l'uniformité l'amoindrit et le rapetisse. Il lui faut des contrastes. Si le malheur l'attriste, l'espérance bientôt le fait sourire; il est brave, mais il veut l'être gaîment. S'il entend, le matin, gronder le canon, il se plaît à roucouler, le soir, des airs d'opéra comique.

Si j'étais Maire de Paris, durant vingt-quatre heures seulement, je ferais ouvrir à l'instant les portes des théâtres, et à deux battants encore, quitte à leur accorder une subvention pour les forcer à baisser leur prix. J'y enverrais tour à tour *les moblots*, et je crois qu'ils ne se battraient pas moins bravement, au contraire.

Je laisserais les cafés également ouverts comme autrefois, mais je voudrais voir les cabarets fermés, et je prendrais hardiment le parti de réquisitionner le vin. Mais bientôt un grand tumulte fit trêve à toutes ces méditations; les cris de Vive la République! Vive la Commune! A bas le gouvernement! dominaient tous les autres.

Plusieurs bataillons de gardes nationaux s'engagèrent dans la rue du Temple.

— Où donc allez-vous, demandai-je à l'un d'eux?

— A l'Hôtel-de-Ville donner du balai aux aristocrates.

— Parbleu, dis-je en moi-même, suivons-les pour voir ce que tout cela deviendra.

Vers midi j'atteignis la Place de l'Hôtel-de-Ville; cinq ou six mille gardes nationaux, la plupart sans armes, s'y étaient réunis. Deux ou trois bataillons se massaient devant la grande porte voisine de la rue de

Rivoli, en vociférant : Vive la Commune ! A Versailles! Pas d'armistice ! Résistance à mort !

Bientôt apparaît le citoyen Étienne Arago ; on lui apporte une chaise, il monte dessus, essaie de parler. On ne l'entend pas.

— Va sucer du jus de réglisse, mon vieux, crie un gamin perché sur un candélabre, le père noble est enrhumé, je demande l'amoureux.

— Pas de phrases, répètent en chœur les gardes nationaux ; installons la Commune.

Le tumulte s'apaise un peu, un des adjoints, Charles Floquet en profite et prend la parole.

— Citoyens, dit-il, le temps des attermoiements est passé ; il faut agir...

— On vient pour ça, continue le même voyou. Je veux voir la Commune en chair et en os.

— La Municipalité de Paris est disposée à se retremper dans le suffrage universel, ajoute le citoyen Floquet.

— Vive la Commune ! répond la foule de plus en plus animée.

Vers une heure et demie, deux cents insurgés environ pénètrent dans l'Hôtel-de-Ville. Sur les marches se tient le général Trochu.

Un homme à longue barbe et à la face patibulaire est porteur d'un écriteau sur lequel on lit :

Pas d'armistice.
Vive la République.
Résistance à mort.

Le général Trochu veut parler ; il est hué.

Le citoyen Jules Simon arrive, fendant la foule avec une chaise sur laquelle il monte.

— A bas le saule pleureur ! recommence le même voyou qui s'est faufilé dans le palais municipal.

Et l'orateur repoussé se replie dans le vestibule avec le général.

Des coups violents de crosse de fusil sont donnés à la grande porte du milieu. Un choc terrible entre les émeutiers et les mobiles est imminent.

Mais la porte s'ouvre et livre passage au flot populaire.

C'est le concierge qui tout innocemment a tiré le cordon à ceux qui demandaient à entrer.

Les Maires et leurs Adjoints sont dans la salle des délibérations de l'ancien Conseil Municipal.

Le citoyen Dorian est nommé président du gouvernement provisoire ; les élections pour la Commune auront lieu dans quarante-huit heures.

Après Dorian, le Gouvernement provisoire se compose de Louis Blanc, Félix Pyat, Victor Hugo, Blanqui, Gustave Flourens et Delescluze.

Des milliers de bulletins, imprimés à l'avance, sont lancés par les fenêtres à la foule; ils annoncent l'enfantement de la Commune.

Un personnage d'une soixantaine d'années est tout à coup hissé sur le bureau où s'installait autrefois le Président du Conseil municipal. — C'est Félix Pyat.

« Citoyens, dit-il, la décision que vous venez de prendre est excellente, et les noms que vous avez choisis offrent toutes les garanties possibles, seulement je demande qu'on ajoute à la liste le nom de Tibaldi.

— Mais il est Italien! lui crie-t-on.

Précisément, répond Félix Pyat, il représentera la République universelle, au sein de la Commune de Paris.

La confusion devient effroyable. On se presse, on se bouscule; des orateurs acharnés à parler, montent sur les pupitres des anciens Conseillers; les pupitres s'enfoncent. Tout le monde crie, gesticule, et propose des candidats à la Commune.

Un autre gamin (il s'en était glissé une demi-douzaine dans l'Hôtel-de-Ville) est parvenu à se percher sur une table au fond de la salle. Collé contre le mur, il domine l'assemblée. La chaleur semble l'étouffer, il s'essuie le front. Puis avisant un ancien garçon de bureau, il l'interpelle:

— Eh! citoyen à l'habit bleu! Eh! l'eunuque du pacha Haussmann: orgeat, limonade, de la bière, du cidre, avec des échaudés pour les dames et des croquets pour les messieurs,

Une calotte le fait rouler sur ses voisins qui se le passent sur leurs têtes et le jettent à la porte,

Chaque salon de l'Hôtel-de-Ville improvise son Gouvernement. Mais cinq noms figurent invariablement sur toutes les listes, savoir: Dorian, Flourens, Blanqui, Delescluze et Félix Pyat.

Ce programme formulé d'avance paraît adopté:

1° Déchéance du Gouvernement de la Défense Nationale;

2° Levée en masse et refus de tout armistice;

3° Etablissement immédiat de la Commune révolutionnaire.

Je quitte la salle de l'ancien Conseil Municipal et je me sens poussé dans la grande salle du Trône.

Le premier objet qui frappe mes yeux est le gamin à la calotte qui perché sur la grande cheminée de droite paraît avoir complétement oublié sa mésaventure et se dispose à promulguer ses impressions.

Soudain arrive Rochefort.

Oh! cette chance! exclame ce voyou dans son enthousiasme, voilà Debureau, troisième du nom.

Rochefort monte sur une table, essaie de parler; les uns l'accueillent par des applaudissements, les autres le repoussent par des huées; il renonce à prolonger la lutte. Enfin la foule qui encombre la salle adopte la liste suivante:

Toujours Dorian président, puis Blanqui, Delescluze Louis Blanc, Félix Pyat, Bonvalet, Ledru-Rollin, Verdure, Schœlcher, Greppo, Martin-Bernard.

Les noms de Flourens et de Mégy sont ajoutés à cette liste par un vote supplémentaire.

Vers trois heures et demie, le général Trochu paraît à la porte de la salle des délibérations. La foule l'entoure en criant: à bas Trochu! à bas les incapables! Qu'as-tu fait au Bourget?

La porte de la galerie aux bustes est fermée derrière lui, les insurgés s'écrient :

Les traîtres sont là-dedans; gardons-les prisonniers jusqu'à ce que la Commune soit installée.

En effet, cette galerie magnifique est transformée en

salle d'arrêts et devient le théâtre des scènes les plus violentes.

Autour d'une table placée au centre, sont assis Jules Favre, Garnier-Pagès, Jules Simon, Jules Ferry ; le général Trochu vient se placer avec eux : il est suivi d'un autre officier supérieur qu'on me dit être le général Tamisier.

Les cris, les menaces se croisent. La déchéance, réclame-t-on de toutes parts,

Jules Favre se lève. — « Vous voulez, j'en ai peur, dit-il, détruire ce que vous avez fait le 4 septembre Vous représentez la violence...» Il ne peut continuer ; de véritables hurlements couvrent sa voix. Il se rassied.

Bientôt arrivent de la salle du Trône et de celle du Conseil Municipal les citoyens Maurice Joly, Chassin, Lefrançais et Vermorel. Le nom de Dorian est proclamé par eux comme l'expression de l'opinion des Maires et de la volonté du peuple.

Le citoyen Dorian se défend, en minaudant comme une coquette qui veut se faire prier avant de céder.

Enfin, une troisième liste est dressée ; elle renfermait les noms ci-après : Dorian, président ; Ledru-Rollin, Félix Pyat, Blanqui, Delescluse, Gambon, Flourens, Millière, Martin-Bernard.

Maurice Joly, après s'être disputé avec Vermorel, se penche vers les membres du Gouvernement.

— Adoptez, leur dit-il, ce que nous vous demandons, ce que veut le peuple, ou dans quelques minutes il y aura une douzaine de gouvernements installés.

Garnier-Pagès se lève, cherche à monter sur la table et tombe tantôt sur Jules Simon, tantôt sur un rédacteur du *Figaro*; enfin, il parvient à se caler.

— J'ai assisté, dit-il, à trois glorieuses révolutions : celle de 1830, celle de...

— Assez! Assez! pas d'histoire! crie-t-on de toutes parts.

— Qu'on le fasse rentrer dans son faux-col, dit le voyou, qu'on est certain de retrouver dans la salle où le vacarme est le plus étourdissant; « je le reconnais ce faux col historique: il a été découpé dans la toile du défunt théâtre impérial du petit Lazari. Garçon, allez sur le pont Neuf quérir un coiffeur pour couper les cheveux de l'orateur, et qu'on les remette au directeur-général des Pompes funèbres; il en fera des panaches pour les corbillards de 1re classe. »

Garnier-Pagès, soutenu par Jules Favre et par Jules Simon, descend de la table pour s'asseoir gravement sur sa chaise curule.

Flourens paraît alors comme un triomphateur. On sent qu'il est l'âme de la sédition, parcequ'il a derrière lui le bataillon de Belleville.

— A la bonne heure, exclame bruyamment notre voyou en battant des mains: c'est un écuyer du cirque au papa Dejean. Je le reconnais; j'ai mes entrées dans les écuries et je fais essayer les maillots aux dames. Quelle belle figure il fait avec ses bottes...

Flourens compose une quatrième liste enrichie du nom de Dorian et du sien, bien entendu.

Le Gouvernement du 4 septembre est sur le point d'être étouffé par la Commune.

La situation affreuse de ces hommes, immobiles autour de cette table, me faisait mal.

Un vieillard qui se trouvait près de moi, avait sans doute compris la pensée pénible qui m'agitait.

— Je partage vos impressions, me dit-il; quelle horrible position ! Mais qui donc a soulevé le flot qui menace de les engloutir? Ces professeurs de révolutions ont-ils droit de se plaindre? Leurs élèves viennent leur prouver qu'ils savent profiter de leurs leçons. — L'expiation commence, et ce n'est que justice.

Ce spectacle me soulevait le cœur; j'allais me retirer. Soudain le bruit du clairon se fait entendre. C'était le 106e bataillon, conduit par le commandant Ibos, qui venait délivrer les membres du gouvernement du 4 septembre. Drame singulier, fantastique ! Dénouement inouï, merveilleux d'invraisemblance.

Des insurgés tiennent prisonniers pendant des heures entières les membres principaux d'un gouvernement qu'ils veulent renverser. Au lieu d'agir, ils pérorent; les heures s'écoulent.

Par un coup de théâtre imprévu, les captifs sont délivrés et redeviennent les maîtres. La logique, le bon sens voudraient qu'on s'emparât des chefs des révoltés pour les réduire au moins à l'impuissance. Il n'en est rien ; au contraire : Les portes du palais municipal leur sont ouvertes, et à deux battants encore; ils sont libres : ils n'ont plus qu'à recommencer. Et l'ennemi est là. Pauvre France !

IX

Le convoi d'un libre-penseur. — Une définition de la Commune de Paris, en octobre 1870, par des Peaux-Rouges du XXe Arrondissement. — Le comte de Kératry et les Gardiens de la Paix publique. — Les maraudeurs; pillage des Communes suburbaines. — Comme quoi, sous la troisième République il n'y a plus de voleurs à Paris. — Les chantiers de bois sont envahis; les clôtures arrachées; les promenades dévastées. — Réquisition des chevaux; Rigolo et Papillon; les racoleurs.

Il est intéressant de savoir quelle signification on donnait, dans les quartiers excentriques, en octobre 1870, à ce nom de *Commune de Paris*.

J'ai dit que j'habitais alternativement le XIe et le XXe arrondissements. Je ressentais pour ce dernier une préférence que je vais expliquer.

Ayant l'intention d'écrire sur les événements que je pressentais, je supposais, avec raison, que le XXe me fournirait des tableaux plus variés, aux couleurs plus vives, d'un ton plus chaud.

On sait que dans cet arrondissement, Gustave Flourens avait organisé son bataillon de Belleville. Comme je viens de le rappeler, ce bataillon avait bloqué, pendant quelques heures, le palais municipal, en prenant, comme dans une souricière, la plupart des membres du gouvernement du 4 septembre,

Or, quelques jours après cet événement, je reçus un billet encadré de noir ; c'était une invitation d'assister au convoi d'un *libre-penseur*. Comme je n'avais jamais vu pareille cérémonie, je résolus de profiter de cette occasion de m'instruire.

Le domicile du défunt se trouvait dans une de ces ruelles qui s'enchevêtrent dans la plaine entre Charonne et Ménilmontant.

Ce libre-penseur était un vieil ivrogne ; sa douleur avait été bien vive lorsqu'il apprit que son ventre était plein d'eau et qu'il allait mourir hydropique.

La maison mortuaire était une vieille cabane, mélange de plâtras, de terre et de tessons de bouteille. Cette affreuse masure n'avait qu'une chambre ; au milieu de la porte, un cercueil était posé sur deux tabourets. Pas de branche de buis, rien sur la bière.

Le chemin était désert ; je me dis : Les invités sont en retard. Je me trompais, ils étaient chez le marchand de vin. Après trois tournées, on fit à chaque assistant la distribution d'un bouquet d'immortelles d'un rouge foncé.

Comme la ruelle était trop étroite, le corbillard dut stationner sur la rue de Puébla ; on y porta le cercueil et l'on se mit en route.

L'église et le cimetière se touchent à Charonne ; on gravit un escalier, on tourna vers la gauche, on était dans le cimetière.

Pour clore la tranchée, il ne restait qu'une place vide ; on y mit le cercueil de l'ivrogne, sur lequel on jeta quelques pelletées de terre — c'était fini.

On allait se retirer, lorsque l'ami du défunt avisa le fossoyeur, dont la besogne était terminée.

— Nous ferez-vous la galanterie d'accepter un verre de vin ou de n'importe quoi ?

— Je suis trop délicat, citoyen, pour refuser cet honneur, répondit l'homme en posant sa bêche contre une tombe.

L'on sortit.

Comme l'ancien village de Charonne en particulier, et tout le XXe arrondissement en général, sont émaillés de cabarets, à quinze pas on en trouvait un dans lequel la société entrait au grand complet.

D'abord, on demanda du vin qu'on nous apporta dans des pots, autant d'hommes, autant de pots ; nous étions une trentaine. Le vin bu, l'eau de-vie le remplaça.

Bientôt la conversation s'engagea naturellement sur la question à l'ordre du jour dans ces parages, c'est-à-dire sur la nécessité d'établir, au plus tôt, la Commune qui devait rendre tout le pauvre monde heureux.

— « Citoyen Burnichon, dit l'ami du défunt en s'adressant à son voisin, je ne suis pas foncièrement induqué, et pour me prononcer sur la Commune, je voudrais bien avoir une idée de son sexe.

— » C'est toujours une excellente intention que de vouloir s'instruire, ami Rigoulard. Cependant, il n'est pas absolument nécessaire de connaître les quatre règles et tout l'attirail de l'alphabet pour t'expliquer les faits et gestes de la Commune. Or, voici la chose :

— » J'écoute avec mes deux oreilles et mes deux yeux.

— » Une supposition, mon brave, dit l'orateur Burnichon, tu possèdes vingt mille livres de renle; eh bien! c'est trop pour ta consommation. Seconde supposition : nous sommes dix-neuf républicains, c'est-à-dire dix-neuf frères, tous tes amis, autant de doigts de la même main. Tu nous donnes à chacun mille livres, comme de raison, il t'en reste autant pour ton usage personnel. Voilà, en chair et en os, la Commune; c'est un gouvernement qui met tout en commun. Il n'y a plus de riches qui sont gorgés de fricot, plus de pauvres qui n'ont pas même des os à ronger. La Commune, chers concitoyens, c'est une bonne mère-nourrice dont les mamelles fournissent le pain, la viande, le vin à discrétion et trente sous par jour à perpétuité. »

Après cette intelligente définition qui fut couverte d'applaudissements, un membre de la société demanda de l'absinthe. Alors la conversation devint étourdissante. C'était un mélange de patois provençal, languedocien, normand, picard, gascon, la confusion des idiomes enfin. L'accent parisien ne se trahissait que rarement et semblait déplacé.

Voici de quelle façon les Peaux-Rouges du XXme arrondissement comprenaient la Commune de Paris en octobre 1870.

Plus tard, leur opinion se modifia dans les clubs; on leur enseigna la Commune de 1793, qu'ils adoptèrent, moins l'échafaud, que le fusil devrait remplacer; les balles de plomb étant plus expéditives encore que le couperet de la guillotine, et les républicains portant eux-même l'emblème de leur justice.

A vrai dire, il n'y avait plus de police à Paris depuis le 4 septembre.

Le 19 de ce mois, le comte de Kératry, dans un rapport qui restera célèbre, proposait au gouvernement de la défense nationale *la mise à l'étude immédiate de la suppression et de la liquidation de la Préfecture de Police.*

Chose extraordinaire, ce gouvernement invita le comte de Kératry à lui présenter un projet de décret qui réalisât *les propositions éminemment libérales et républicaines* dont le Préfet de police *avait pris la courageuse initiative dans son rapport.*

Tout homme doué d'un simple bon sens comprendra qu'il était inutile de confier à un personnage, étranger d'ailleurs à l'administration, les difficiles fonctions de Préfet de police, alors qu'on avait l'intention de les supprimer comme superflues, disait-on, sous un gouvernement franchement libéral.

On avait licencié les sergents de ville, on les remplaça par de grotesques agents, encapuchonnés et rasés comme des moines, qu'on désignait sous le nom de *Gardiens de la paix publique,*

Aussi, la population malsaine de Paris eut ses coudées franches.

Sous prétexte d'enlever aux Prussiens les quelques légumes abandonnés dans les champs situés entre les fortifications et les lignes ennemies, une nuée de maraudeurs avaient envahi cette zone suburbaine.

Parmi ces maraudeurs, beaucoup se conduisirent en véritables bandits ; ils pénétrèrent dans les propriétés qu'ils dévastèrent et pillèrent affreusement comme font les barbares en pays conquis.

On vit de ces misérables emplir des tapissières de meubles volés qu'ils introduisirent dans Paris, et vendirent publiquement sous les yeux de l'autorité qui laissait faire.

On a dit que, grâce à la République, la Capitale se trouvait purgée, pendant le siége, de ses voleurs et de ses assassins ordinaires.

La vérité est qu'il suffisait de porter un képi pour être assuré de l'impunité; comme tout le monde en portait, honnêtes gens et bandits, la garde nationale, ainsi mélangée, ne pouvait établir de sérieuses distinctions; elle subissait donc les voleurs et ne les arrêtait pas. Ce pillage scandaleux pouvait être facilement épargné au moyen d'un sauvetage intelligent.

Comme je l'ai dit, en traitant la question de l'approvisionnement de Paris, il fallait imposer aux habitants des Communes suburbaines, lesquels se réfugiaient dans la Capitale, l'obligation de déclarer la nature des propriétés, des champs ou des jardins abandonnés, ce qu'ils y avaient laissé de meubles, de légumes et de fruits. Il eût été possible d'organiser des escouades de soldats et d'ouvriers chargés d'enlever tout ce qu'on devait utilement conserver.

Quant aux denrées , elles eussent été réquisitionnées à leur entrée dans Paris, et le prix payé à qui de droit. En ce qui concerne les mobiliers, on eût fait la remise aux propriétaires et locataires, moyennant un droit perçu pour couvrir les frais.

Mais pour faire cesser le désordre qui gaspille, et le remplacer par la régularité qui conserve, il fallait des administrateurs. Malheureusement, l'Hôtel-de-Ville et les vingt Mairies de Paris ne possédaient que des hommes politiques.

Alors des abus étranges, scandaleux, provoquèrent l'indignation des honnêtes gens. Parmi les pillards de la malheureuse banlieue, il était facile de reconnaître les misérables qu'on avait entendus hurler aux portes des marchands qu'ils traitaient d'accapareurs.

Bientôt ces bandits osèrent étaler sur les trottoirs les légumes qu'ils avaient dérobés, et qu'ils eurent l'impudence de vendre bien plus cher que ne les débitaient les marchands qu'ils avaient insultés.

Malheur aux pauvres consommateurs qui les reconnaissaient et s'en plaignaient ; ces pillards, faisant partie de la milice citoyenne, les bousculaient et les arrêtaient au besoin.

L'hiver qui s'annonçait rigoureux, dès les premiers jours de décembre, devait être encore le complice de ces bohêmes, par l'idiotisme de l'administration. Le froid s'accusa de plus en plus intense dans la semaine de Noël ; alors la foule se rua sur les clôtures en planches, sur les matériaux et les échafaudages.

Dans plusieurs arrondissements, des bandes de pillards envahirent des chantiers de bois qui furent dévalisés. On sciait les arbres des boulevards et des promenades publiques, et presque toujours les gardes nationaux laissaient faire. Quant aux gardiens de la paix, leur consigne paraissait être : mutisme complet.

Sans doute, on comptait beaucoup de malheureux exaspérés par le froid et en faveur desquels on peut revendiquer le bénéfice des circonstances atténuantes. Mais, en général, les bandes qui dévalisaient les chantiers et mutilaient nos promenades s'étaient recrutées parmi les bohêmes qu'on avait vus, dans les Communes suburbaines, récolter les pommes de terre, sans préjudice des mobiliers.

Dans les XIXe et XXe arrondissements, ces pillards s'étaient réunis en escouades pour arracher les clôtures en bois qui régnaient le long de la nouvelle rue de Puébla. Lorsque leur opération fut terminée, ils débitèrent tranquillement, sur la voie publique, les produits de leurs vols, à tant la planche.

Un charbonnier s'illustra parmi les plus actifs, les plus expérimentés de ces bandits. Mais d'autres pillards, jaloux des succès de l'Auvergnat, envahirent sa boutique, qu'ils dévalisèrent.

Les sages avis, les bons conseils n'avaient pas manqué cependant à l'administration.

Des hommes éclairés, de véritables administrateurs, avaient démontré, peu de jours après le 4 septembre, l'urgente nécessité de réquisitionner le bois, pour le rationner ensuite.

Le gouvernement ne tint aucun compte de ces sages avis.

Le 5 janvier seulement, après que le gaspillage avait eu ses coudées franches, l'administration annonçait qu'elle s'était entendue avec un nombre assez considérable de marchands de bois.

Voici en quels termes le journal la *Patrie*, dans son numéro du 9, interprétait cette mesure si tardive :

« L'administration a fait afficher un avis par lequel elle indiquait, à la date du 5, l'adresse des marchands de bois qui s'étaient entendus avec elle pour livrer du bois sec à ouvrer, au prix de 100 fr. les 1,000 kilog., le public ne pouvant en prendre plus de 1,000 kilog. et moins de 250 kilog.

» Nous sommes allés le lendemain, 6 du courant, place d'Enfer, n° 8, chez un marchand désigné par l'autorité, afin d'en acheter ; il nous fut répondu que tout le bois disponible était déjà vendu.

» A quoi bon indiquer le 5 un chantier où l'on peut s'approvisionner de bois, lorsque le lendemain il n'en existe plus à vendre ? Si tous les autres marchands de bois indiqués dans l'affiche se trouvent dans les mêmes conditions que ce dernier, quelle importance, sous le rapport de l'approvisionnement, faut-il attacher à l'avis de la Mairie ?... »

Bien certainement, si l'administration s'était occupée, dès le mois de septembre, de la question du *combustible*, sans attendre que les rigueurs de l'hiver vinssent lui reprocher son inertie, il eût été facile d'épargner à la population de Paris les souffrances que le froid lui a fait endurer si cruellement. Des administrateurs sérieux eussent fait respecter les boulevards du midi, en ne laissant pas aux pillards un prétexte à leurs dévastations.

Comme enfant de Paris, mon cœur a saigné en voyant mutiler ces boulevards dont les arbres, plus que centenaires, avaient été plantés en vertu des lettres-patentes du 9 août 1760 (1).

Mais que faisaient donc ceux des membres du gouvernement de la défense nationale qui s'étaient chargés de l'administration de la Ville de Paris ?

Dans une lettre écrite avec esprit par Louis Jourdan, rédacteur du *Siècle*, à son ami Eugène Pelletan, « homme d'État » et en cette qualité un des arbitres de nos destinées, le journaliste, après s'être expliqué « à quoi pouvaient servir à la grande rigueur, le général Trochu, Jules Favre, Ernest Picard et Jules Ferry (depuis que ce dernier avait mis les pieds dans les pantoufles de M. Haussmann), cherche à découvrir quelles sont les fonctions d'Eugène Pelletan.

« Je sais bien, dit Louis Jourdan, que de temps à autre vous descendez sur la place de l'Hôtel-de-Ville pour passer en revue un bataillon de gardes nationaux ou recevoir une corporation qui offre un canon à la République ; dans ces occasions, vous vous mettez en menus frais d'éloquence. — Pourquoi menus ? — On vous acclame, on crie : Vive la République ! et la besogne est terminée. »

Pendant que l'homme d'État, Eugène Pelletan, paradait sur la place de l'Hôtel-de-Ville, que faisait le Maire de Paris, Jules Ferry ?

---

(1) Ces voies publiques s'appellent aujourd'hui boulevards d'Italie, Saint-Jacques et du Mont-Parnasse.

Au lieu d'utiliser l'administration municipale, il la décimait. Sous prétexte de détruire des abus, de rajeunir ses bureaux, il chassait les chefs de service dont l'expérience et les talents eussent été profitables à Paris. Parmi les mieux méritants, aucun ne trouva grâce devant ce Proconsul, pas même ceux dont les ouvrages, fruits de longues et patientes études, avaient été récompensés par l'approbation unanime du Conseil Municipal. Ce Tarquin au petit pied semblait avoir pour mission de décapiter toutes les intelligences qui faisaient ombrage à son inexpérience et à son incapacité.

On vient de voir comment l'administration avait procédé relativement à la viande de boucherie, de quelle manière et à quelle époque elle avait rationné le pain après avoir déclaré que le rationnement n'aurait pas lieu. Nous avons vu la foule se ruer sur les chantiers de bois, arrachant aussi les clôtures en planches, et abattant les arbres qui faisaient le plus bel ornement de nos promenades.

Je vais maintenant rappeler ce qui s'est passé lors de la réquisition *des chevaux*, lesquels devaient remplacer, pour l'alimentation des habitants de Paris, la viande de boucherie, dont la population, fut privée dès le 15 novembre.

Je possédais deux petits chevaux, deux charmants poneys ; on les appelait *Rigolo* et *Papillon*.

La gaieté, l'entrain du premier, ses gambades lui avaient bien mérité le nom populaire de Rigolo ; le second, gracieux, léger, semblait avoir les ailes de l'insecte qui butine sur les fleurs. Je les aimais, plus encore sous la République ; l'espèce chevaline étant une consolation de l'espèce humaine.

Ces chevaux attelés à ma voiture me transportaient rapidement dans les différents quartiers de Paris que j'étudie sans cesse. Rigolo et Papillon étaient donc, pour ainsi dire, des outils de mon travail.

J'avais démontré, lors du recensement, que ces poneys, trop faibles pour un service militaire, n'avaient aucune signification pour l'alimentation de la Ville ; ce Gargantua, qu'on appelle Paris, n'en pouvait faire que deux bouchées.

Cependant, le 2 janvier, je reçus un papier imprimé ; c'était une signification, en style d'huissier, d'avoir à conduire mes deux petits chevaux au boulevard d'Enfer.

Après avoir cherché, toujours vainement, les moyens de conserver Rigolo et Papillon, je dus me résigner à les livrer. Je me rendis, le 6 au matin, avec eux, au boulevard d'Enfer. A peine étais-je arrivé, qu'une espèce de palefrenier, qui m'eût effrayé au coin d'un bois, bien que la tête du citoyen fût ornée d'un képi, s'empara de mes deux poneys, leur passa un licou à chacun et me dit : c'est six francs. Je compris que j'étais volé ; mais comme c'était une mesure révolutionnaire, je m'exécutai sans commentaires. Après avoir attendu une heure, deux autres citoyens, qui m'avaient l'air de deux bandits, vinrent prendre Rigolo et Papillon ; on les fit passer sur une espèce de pont en bois où ils furent pesés, puis on me remit un papier en me désignant un bureau à vingt pas de là.

Je suivis du regard mes deux petits amis, qui bientôt disparurent, et je me rendis lentement à l'endroit qu'on m'avait indiqué. Je dus subir une seconde pause, d'une heure, dans un bureau où trente personnes étaient empilées autour d'un poële en fonte qui vomissait une chaleur étouffante et empuantie, qui vous serrait la gorge.

Quand vint mon tour, je présentai mon bulletin à une façon d'employé dont la rudesse eût rendu jaloux un geôlier. Le bulletin examiné, retourné : — Revenez demain à la même heure, me dit ce gracieux personnage, et je sortis de cette étuve.

Il y a loin du boulevard d'Enfer à Ménilmontant ; le bruit des obus qui roucoulaient me fit hâter le pas.

Le lendemain, je me remis en route ; nouvelle station, mais cette fois d'une heure et demie. Enfin, l'on me remit un bulletin sur lequel je lus l'indication du poids et du prix de mes deux victimes de l'alimentation publique. Le même citoyen de la veille me dit alors : — « Allez vous faire payer rue Saint-Dominique, au Ministère de l'Agriculture et du Commerce. » Je me dépêche, voulant arriver un des premiers, pour éviter de nouvelles queues devenues si fort à la mode sous la troisième République.

— Indiquez moi le bureau où l'on s'adresse pour les chevaux réquisitionnés, dis-je au concierge.

— Il me répond avec un laconisme et une précision qui me font aller à gauche au lieu de monter à droite.

Enfin j'arrive, et je tourne le bouton du bureau où

l'on acquitte les mandats, lorsqu'un citoyen dont la tête est couverte d'une casquette ornée d'une ancre marine, me barre le chemin en me disant: —Montrez-moi votre bulletin Je l'exhibe. — Revenez dans six jours, le vendredi 13, et il me remit une carte orange, portant le numéro 77.

Je me dis, en descendant l'escalier : on se plaignait, sous le second Empire, de la longueur des formalités administratives; il me semble qu'on est encore moins expéditif sous la troisième République.

Le vendredi, jour fixé, je suis à mon poste à 11 heures, selon la recommandation ; je montre ma carte au citoyen coiffé de la casquette marine. — « Mettez-vous à la queue, me dit-il, les cartes ne servent plus. »

Mais hélas ! la queue était déjà formidable; on l'avait laissée se former bien avant l'heure réglementaire.

En dépit de mon numéro 77, je voyais plus de deux cents personnes devant moi. Comme je m'étais muni d'un journal qui n'était pas le *Moniteur*, je cherchai dans la lecture une distraction qui fut bientôt interrompue par le bruit des obus.

Enfin, après avoir attendu trois heures en battant la semelle sur les dalles du corridor pour me réchauffer les pieds que je ne sentais plus, je crus avoir conquis le bureau chargé des paiements. J'entrai ; là, je dus encore croquer le marmot pendant vingt minutes ; on me fit signer une quittance, puis on me dit : « Passez à la caisse. » Mon martyre va cesser ; mais une quinzaine de personnes m'avaient devancé, et pour leur compter les espèces, je ne voyais qu'un seul caissier.

Enfin, je sortis du ministère à deux heures de l'après-midi. J'avais reçu mille et quelques francs en paiement de mes deux petits chevaux qui en valaient quatre fois autant.

Mon dieu! j'aurais mauvaise grâce à me plaindre du sacrifice de temps et d'argent qui m'était imposé; la troisième République nous en a fait gaspiller bien d'autres. Ce que je tiens à constater, c'est le déplorable système que suivit l'Administration supérieure.

Ce système consistait, par exemple, à payer, d'un côté, 500 francs des chevaux qui n'en valaient pas 50, tandis que, de l'autre, des coursiers d'un prix de 4 à 5,000 francs, souvent plus, n'obtenaient qu'une somme inférieure à celle qu'on accordait bénévolement à des animaux qu'on eût livrés, en temps ordinaire, à l'équarisseur.

Des racoleurs brodèrent bientôt sur cette étrange répartition qui était, en réalité, une spoliation, dont souffraient les uns, et un bénéfice scandaleux, dont profitaient les autres.

Ces racoleurs, pressentant l'iniquité de cette mesure, achetèrent à vil prix tous les chevaux qu'ils trouvèrent, principalement dans les quartiers excentriques.

Lorsque la réquisition de ces animaux devint officielle, ces brocanteurs réalisèrent des bénéfices énormes.

Soudoyés par des capitalistes peu scrupuleux ou tarés complétement, ils ne s'étaient inquiétés que du poids des animaux, achetant les espèces les plus extravagantes et les plus dépréciées, avec la certitude de les vendre à un prix plus élevé que des chevaux de luxe.

Comme le fourrage était alors très-cher, les vendeurs qui n'avaient aucune connaissance des intentions de l'autorité, lâchèrent la main pour se défaire, au plus vite, de leurs animaux qui coûtaient plus à nourrir qu'ils ne rapportaient.

En droit, comme en équité, la réquisitiou des chevaux n'est autre chose qu'une expropriation ; or, on ne peut pas plus exproprier quelqu'un de son cheval que de sa maison, sans lui en payer toute leur valeur.

J'ai vu réquisitionner, en même temps, un poney et un cheval de brasseur ; le premier pesait moitié moins que le second. L'un valait 3,000 francs, l'autre 300 au plus. Eh bien ! le poney a été payé 472 francs et le cheval du brasseur 820.

Certainement, le brasseur a reçu un cadeau, mais le propriétaire du poney a été victime d'une spoliation, partielle si l'on veut, mais toujours d'une spoliation.

En vain, l'administration eût essayé de répondre : comme je suis obligée de faire vendre ces animaux au poids, il me faut bien les acheter de la même manière.

La raison est mauvaise. L'administration n'était pas forcée, en réquisitionnant les chevaux, de payer les uns trop cher, les autres pas assez.

Elle avait bien établi deux catégories d'animaux ; mais la différence, quant au prix, était tellement insignifiante et si ridicule, que l'iniquité de la mesure n'était même pas tempérée.

Il n'y avait qu'un mode à suivre pour mettre le bon sens d'accord avec l'honnêteté, c'était de nommer des experts chargés d'estimer les chevaux requisitionnés au fur et à mesure des besoins. Ces experts, il y a tout lieu de le croire, loin de se montrer les complices des brocanteurs, n'eussent fait payer les chevaux défectueux qu'au prix qu'on en tirait en temps ordinaire, c'est-à-dire à raison de 80, 100, 150 francs au plus.

Il en serait évidemment résulté de grandes économies qui eussent permis de se montrer équitable envers les maîtres des chevaux d'une valeur réelle.

Sur la sommation imprimée qui me fut adressée le 2 janvier, il était dit que mes chevaux étaient réquisitionnés pour servir à l'alimentation publique.

Eh bien ! au mois d'août dernier, j'ai revu Rigolo et Papillon attelés à une voiture de luxe, à un équipage.

Or, voici ce qui était arrivé à bon nombre de chevaux ainsi réquisitionnés.

Autour du pont à pesage se trouvaient des gardes nationaux, pour la plupart couronnés de képis argentés. Des officiers d'état-major, entre autres, voyant passer des chevaux élégants et de race, qu'on achetait moins cher que des rossinantes engraissées par suite d'une faiblesse, s'emparèrent, à prix coûtant, des coursiers sur lesquels il leur était agréable d'aller parader.

Lorsque la garde nationale a cessé d'être, ces chevaux ont été vendus à gros bénéfices, en raison de leur rareté et parce qu'on les avait achetés à vil prix.

Voilà comment j'eus la consolation de revoir Rigolo et Papillon, avec le regret ensuite d'avoir été contraint de me laisser duper, comme tant d'autres, par l'administration. — Mes lecteurs pourront me dire :

— « Mais pourquoi n'avez-vous pas fait un procès aux détenteurs actuels de vos chevaux? » — La raison en est bien simple :

Le gouvernement de la défense nationale m'a pris mes chevaux; la Commune ne m'a pas laissé les moyens de conserver ma voiture.

X

Les caricatures; tolérance coupable du gouvernement. — Histoire de la populace de Paris. — Les Cours des Miracles; le drapeau rouge des Anglais; le maître-changeur Michel Lallier; les mauvais garçons; le droit au travail; la pyramide de neige; comment la bourgeoisie traite le Roi des bourgeois. — Immensité des travaux coïncidant avec l'augmentation de la populace; honnêtes gens et bandits sont armés; ce qui devait en résulter.

Un gouvernement n'est que malheureux quand l'intelligence lui fait défaut; mais il est coupable alors qu'il manque de cœur.

Pendant le siége de Paris, les honnêtes gens se sont sentis impunément éclaboussés par un vomissement de caricatures toutes plus lâches, plus ignobles les unes que les autres.

Les personnes, la religion, les mœurs ont été traînées dans la boue des ruisseaux.

Ces diffamations de la caricature, qui font des insulteurs, de véritables bourreaux et des insultés, d'innocentes victimes, flétrissent l'autorité qui laisse étaler, en plein jour, de pareilles ordures.

Cette abstention du gouvernement, que ces condottieri de l'art ont interprétée comme une approbation, avait cela d'immoral qu'elle faisait contracter, au peuple de Paris, une habitude d'ignominie, une familiarité de toutes les lâchetés, virus qui altère le sang généreux et amène la décomposition.

La guillotine s'épanouissait à la porte des cabarets de lecture, comme les appelait un grand écrivain. A la ceinture de cette sainte de 93 était figuré le couperet appuyé sur une tête qu'on offrait comme friandise à la populace.

J'ai entendu un misérable aboyeur faisant d'une Impératrice sa marchandise, hurler aux ricanements de la foule : *La femme Bonaparte ! ses amants ! ses orgies !* Ce n'était là que le titre. Quant au pamphlet, chaque ligne était une insulte à l'épouse, une offense à la mère ; rien de plus hideux que cet acharnement bestial contre une femme.—Cette bave était celle de la chenille sur la rose.

Pendant quinze ans, cette insultée des mauvais jours a montré sa main et son cœur de Souveraine dans toutes les créations les plus saintement utiles.

La ville de Paris lui offre un collier de diamants, elle en fait hommage à la charité, elle l'égrène au profit d'un établissement hospitalier.

La cité d'Amiens est envahie par le choléra; sa population est décimée. Quand les riches qui ont peur s'en vont, l'Impératrice arrive, et l'exemple du courage donné par elle a raison de la contagion de la peur.

Telle est la femme dont un Ministre du 4 septembre a livré l'honneur aux attouchements de ces truands mêlés à la population de Paris. — Voilà cette Souveraine dont il a laissé faire une Messaline!

Quant à la religion, la caricature crachait dessus comme elle éclaboussait la femme.

« Il n'y a pas de Dieu, disaient ces bandits, et partant de cette négation qu'ils accommodaient avec leurs vices, tout leur était permis. »

En temps de calme et de prospérité, s'ils cherchent à troubler le flot dont le cristal est uni, la justice humaine peut bien régler leur compte.

Mais en pleine révolution, l'écume monte à la surface; les bohêmes ont la force et s'intitulent la justice.

Voici comment ils la rendent: ils préludent par la caricature insultante et finissent par le pillage, l'assassinat et l'incendie.

Certes, loin de moi la pensée d'envelopper tous les habitants de Paris dans la même réprobation. Lorsque je rappellerai les épisodes militaires du siége de Paris je saurai rendre hommage au patriotisme, au courage de la population saine de la Capitale; je dirai ce qu'elle était encore et ce qu'elle désirait.

Mais si l'on ne peut imputer à cette population de vrais parisiens d'avoir trempé dans les crimes qui devaient produire la Commune, je dois confesser néanmoins, quoique enfant de Paris, que nous avons eu l'insigne lâcheté de subir la domination de ces bohêmes en assistant, en véritables comparses, à cette affreuse tragédie.

Si nos mains ne sont pas teintes du sang de nos soldats, de nos prêtres, ce sang innocent retombe sur nous qui l'avons laissé couler ; si nous ne sommes pas des incendiaires, nous avons assisté, les bras croisés, à l'incendie de nos monuments.

Paris ne s'appartient plus ; Paris n'est plus la ville des Parisiens. La Capitale est envahie par tous les bandits de la province et de l'étranger ; c'est l'irruption des barbares étouffant la civilisation.

Cette ville du luxe et des Beaux-Arts par excellence, qu'en a-t-on fait? Un cirque immense où sont enchaînés l'honneur, la fortune, la gloire de la France pour être livrés périodiquement aux bêtes féroces.

Dès le XVme siècle, l'historien distingue clairement dans Paris un *peuple* et une *populace*.

Je vais suivre pas à pas ce peuple et cette populace, aux différents âges de Paris, pour rappeler ensuite ce qu'ils étaient autrefois, et dire ce qu'ils sont aujourd'hui.

On verra pourquoi le peuple parisien a perdu son individualité, son caractère homogène, et d'où vient sa décadence.

On verra comment la populace de Paris, autrefois

reléguée dans ses bouges, dans ses *Cours des Miracles*, s'est étendue, augmentée, est devenue formidable, battant en brèche tous les gouvernements, et n'en laissant aucun debout.

Sous Philippe-Auguste, en 1200, Paris occupe une superficie de 2,528,633 mètres, et sa population s'élève à 180,000 habitants environ. On commence à découvrir déjà dans Paris une populace. Où se trouve-t-elle? A l'extrémité de la Ville, dans des bouges appelés depuis rues de la grande et de la petite Truanderie. Le nombre des Truands est inférieur à 1,200 et celui des *Mains d'œuvre*, des ouvriers qu'il ne faut pas confondre avec les bandits, s'élève à 18,000, c'est-à-dire au 10e de la population totale de Paris.

Plus de deux siècles après, la Capitale est au pouvoir des Anglais. En 1418, ce n'est plus le drapeau blanc fleurdelisé qui flotte sur les monuments de Paris, c'est la bannière anglaise, *le drapeau rouge* qui le remplace.

Paris occupe alors une superficie de 4,391,720 mètres, avec une population qui ne dépasse pas 231,000 habitants.

Mais sa populace s'est cruellement augmentée, et s'entasse dans huit bouges qu'on appelle déjà *Cours des Miracles*; — on compte dans Paris 8,000 bandits au moins.

Un bourgeois de Paris, un maître-changeur, Michel Lallier, prend la noble résolution d'expulser l'étranger. A la tête de 3,000 parisiens déterminés à vaincre ou à mourir, il attaque l'ennemi aux cris : A bas la bannière anglaise ! à bas le drapeau rouge! il tache le ciel !

Après avoir repoussé l'ennemi au nord de la Ville, Michel Lallier traverse Paris et se rend à la porte Saint-Jacques qu'il ouvre au connétable de Richemont et au comte de Dunois. C'est le 13 février 1436 que les Parisiens secouèrent le joug des Anglais. Porté, le soir, en triomphe à l'Hôtel-de-Ville, Michel Lallier fut proclamé Prévôt des Marchands, et le Roi le fit noble par lettres-patentes du 6 mai suivant.

Que fit le nouveau Magistrat?

Son premier acte fut d'ordonner le dénombrement de la population de Paris. Lorsqu'il apprit que la Capitale refermait 8,000 bandits, Michel Lallier commença par expulser ceux qui étaient étrangers à cette Ville. Cette écume enlevée et rejetée au loin, comme la populace parisienne fermentait encore, le Prévôt des Marchands fit saisir une vingtaine des principaux chefs de la Truanderie qui furent pendus sans façon, « à cette fin, disait le Magistrat, d'assurer à la Ville *travail* et *quiétude.*»

Malheureusement les Cours des Miracles, si bien balayées par Michel Lallier sous Charles VII, se repeuplèrent pendant la captivité de François Ier ; on en comptait quinze à cette époque. La plus considérable se trouvait en dehors des murs de la Ville, sur un territoire qui, plus tard, fit partie du quartier Montorgueil. — Ce bouge, sur lequel je reviendrai, ne fut détruit que sous le règne de Louis XIV,

Retournons pour un instant à François Ier. A la fin de son règne, Paris comptait de 270,000 à 280,000 habitants ; le nombre des ouvriers et des artisans ne dépassait pas 27.000, et les bandits qu'on appelait *les Mauvais Garçons* étaient au nombre de 6,000 environ (1).

Quelles étaient les différentes espèces d'habitants qui se cachaient alors dans ces bouges?

Avant la création de l'Hôtel-Royal des Invalides, que Montesquieu appelle *le lieu le plus respectable de la terre*, la situation des vieux soldats était triste et malheureuse.

Chaque Communauté religieuse, il est vrai, était tenue de recevoir un certain nombre de ces militaires vieux et infirmes. On les désignait alors sous le nom de *moines lais* (moines laïques) ou *oblats* (oblati, présentés). Cette dernière dénomination tirait son origine du droit que possédait le Souverain de présenter des soldats invalides à ces Communautés ou Abbayes chargées d'en prendre soin.

Mais les guerres se succédant sans autres interruptions que des trêves, le nombre des soldats invalides devint trop considérable, pour qu'il fût possible de les admettre tous dans les abbayes. Habitués, d'ailleurs, à la vie tumultueuse des camps, l'existence monotone des cloîtres leur déplaisait ainsi que les bas offices de la domesticité qu'on leur imposait.

Alors, un grand nombre d'entre eux furent réduits à

---

(1) Une rue voisine de l'Hôtel-de-Ville a conservé ce nom.

mendier leur pain, en promenant dans les grandes villes, dans Paris surtout, leurs infirmités et leurs misères pour exciter la pitié des passants.

Mêlés à cette vase qui forme le bas-fond de toutes les cités populeuses, leurs vertus s'éteignirent et leurs vices fermentèrent.

Bientôt leur contingent s'augmenta de toutes ces existences sans emploi, de ces natures véreuses, laquais ne voulant plus servir, ouvriers rebelles au travail, étudiants hostiles à la science, soldats valides pour lesquels la discipline était un frein trop gênant.

Ces différentes espèces, toutes malsaines, formèrent une sorte de résidu de Paris, un fumier presque toujours en fermentation, une populace enfin.

Ces bohêmes n'étaient pas entassés dans les ruelles étroites et sombres du centre de Paris ; ils adoptèrent, au contraire, les confins de la Ville, choisissant de vastes emplacements inoccupés et presque sans valeur, sur lesquels ils improvisèrent un nombre infini de cahutes, dont la pauvreté échappait aux taxes municipales.

Ces groupes de cahutes formées de débris de matériaux amassés ou volés dans Paris, devinrent bientôt des camps retranchés longtemps inaccessibles à la police, en ce qu'ils étaient défendus par de fortes palissades percées d'une seule porte qui ne s'ouvrait qu'aux habitants de ces tristes repaires.

Sous le règne désastreux de Charles VI, ces truands prirent parti pour le duc de Bourgogne, l'allié des Anglais.

Lorsque le duc de Guise se fit remettre, par le Prévôt des Marchands, Jean Le Charron, les rôles des taxes de l'année 1572, sur lesquels les noms et demeures des protestants figuraient, ces, bandits pour la plupart, servirent de bourreaux et massacrèrent sans pitié les calvinistes.

Ces bouges avaient pris le nom de *Cours des Miracles* parce que les truands qui s'y étaient pour ainsi dire retranchés, simulaient les infirmités les plus cruelles, les plaies les plus hideuses, afin d'exciter la commisération publique.

Rentrés dans leurs repaires, ces bandits se débarrassaient de leurs béquilles, lavaient leurs prétendus ulcères et opéraient ainsi les *Miracles* de guérisons complètes et instantanées.

La création, par Henri IV, d'un établissement destiné à recevoir les militaires estropiés ou caducs (1), la

---

(1) Édit de juillet 1604. Comme en toutes œuvres qui sont recommandées de Dieu, il n'y en point qui lui soyent plus agréables que la charité... Comme les troubles et guerres ont eu cours dans notre royaume depuis longtemps, il y a eu une infinité de pauvres gentilshommes, capitaines et soldats qui ont porté les armes pour notre service, lesquels non-seulement, ont employé leur jeunesse et reçu de grandes blessures, mais aussi, ont les uns perdu leurs membres, ou sont demeurés mutilés ou estropiés d'iceux, les autres vieux, caducs, incapables de faire autre chose, et ceux qui avaient des métiers ne les peuvent exercer, ni gagner leur vie, étant, par ce moyen, réduits en grande nécessité et pauvreté, honteux de

construction de l'Hôtel-Royal des Invalides, sous Louis XIV, enlevèrent aux Cours des Miracles la partie la moins redoutable et la moins gangrenée de leur population.

Voyons ce qu'elle était exactement à la fin du XVIe siècle, avant la création de la Maison de la Charité Chrétienne.

Cette association de bandits constituait, pour ainsi dire, un État dans l'État; il y avait un royaume de France et un royaume de l'Argot.

Chaque sujet argotier obéissait à une espèce de code ou formulaire dont je vais rappeler les principales dispositions.

Pour être admis dans cette association, il fallait :

1° Être présenté par trois membres faisant partie d'une des Cours des Miracles situées dans la Ville de Paris ou dans ses faubourgs ;

2° Prouver cinq vols difficiles, dangereux et lucratifs;

3° Faire serment qu'on n'appartenait à aucune religion, qu'elles étaient toutes également indifférentes, et qu'on se tenait prêt à se débarrasser avec la même facilité de tous, catholiques, protestants ou juifs ;

---

mendier et vaguer par les rues au mépris de leur qualité, préjudice de leur personne et grand scandale public... avons par nos Édits des 15 octobre 1597 et avril 1600 octroyé auxdits la maison royale de la Charité Chrétienne, au faubourg Saint-Marceau...

Signé : HENRI.

4° Déclarer si l'on était marié ou célibataire. Dans le premier cas, s'engager à quitter sa femme, afin d'en prendre une autre parmi les *associées*; en changer de mois en mois, pour éviter tout enchaînement, le véritable argotier se devant uniquement à l'association ;

5° Les enfants nés dans une des Cours des Miracles ne pouvaient être revendiqués par ceux qui se croyaient leurs pères ; ces enfants appartenant, en toute propriété, à l'association qui les élevait, les instruisait, pour en disposer ensuite à son gré;

6° Le butin provenant des opérations, devait être versé à la caisse commune, et, le samedi de chaque semaine, l'argent était partagé entre les argotiers, sauf une rétribution pour subvenir aux besoins de l'association.

Telles étaient les principales obligations imposées à ceux qui demandaient à faire partie de cette étrange société.

D'après un rapport adressé au roi Louis XIV par le lieutenant-général de police La Reynie, cette association se composait de plus de *sept mille hommes* valides, tout prêts à piller, à incendier, à étrangler la Ville de Paris, si la fantaisie leur en prenait.

La plus considérable de ces Cours des Miracles était celle qui se trouvait à l'extrémité de la rue Montorgueil (1).

---

(1) Cette cour était prédestinée à l'infamie. Là demeurait, en 1793, Hébert, le rédacteur du *Père Duchêne*. Après le 10 août, il fut nommé membre de la Commune de

Le **12** mai **1667**, ces bouges, au nombre de dix, furent fermés par la police ; on renvoya dans leurs provinces tous les bandits étrangers à Paris ; quant aux truands nés dans cette Ville, on enferma les plus dangereux à l'Hôpital-général pour ne tolérer, dans les anciennes cours des Miracles, qu'une population inoffensive.

J'ai dit que ces repaires ne renfermaient qu'un petit nombre d'ouvriers parisiens; voici pourquoi : les corporations marchandes et les corps des métiers parisiens rejetaient de leur sein tout élément provincial ou étranger.

Ainsi, un marchand de draps de Lyon ne pouvait s'établir instantanément maître-drapier à Paris, pas plus qu'il n'était permis à un ouvrier orfévre de Bordeaux d'entrer chez un orfèvre de Paris.

Paris, puis Procureur-Syndic de cette sanglante administration. Sa conduite odieuse, lors du procès de Marie-Antoinette, révolta contre ce misérable les ennemis mêmes de cette Reine infortunée.

Dénoncé par Saint-Just à la Convention, Hébert fut mis en accusation avec Ronsin, Vincent, Anarcharsis Clootz et autres, le 4 germinal an II. — Ils furent tous guillotinés.

Le folliculaire qui avait outragé la Reine, insulté la femme, injurié la mère, perdit plusieurs fois connaissance pendant le trajet de la prison à l'échafaud. — Hébert mourut lâchement.

— La Cour des Miracles occupait, il y a deux siècles, une superficie bien plus considérable que la Cour actuelle. — La rue Thévenot n'était alors qu'une impasse dont l'extrémité faisait partie de la Cour des Miracles.

Je ne veux combattre ni justifier ici cette restriction; ce qu'il importe, c'est de démontrer cette vérité : par le fait de cette organisation conservatrice, unitaire, le nombre des bras dans Paris se maintenait en rapport permanent avec la somme de travail, sauf pendant nos troubles politiques. De là, un gain toujours assuré pour le patron, un salaire constamment rémunérateur pour l'ouvrier. On comprend alors pourquoi les ouvriers parisiens ne fraternisaient guères avec les bandits des cours des Miracles.

Ils étaient retenus non-seulement par l'intérêt, mais plus encore par le cœur. — Les ouvriers parisiens vivaient en famille.

J'ai longuement étudié, profondément creusé l'organisation des corporations marchandes et des corps de métiers parisiens.

Sans doute, des abus se glissèrent dans les rouages de cette institution plus de huit fois séculaire, néanmoins elle renfermait des principes de sagesse et d'honnêteté qui devraient être de tous les temps. Loin de moi l'idée de chercher à glorifier un passé qui ne saurait se renouveler. Lorsqu'une époque est finie, le moule est rompu; mais, parfois, ses débris sont précieux à consulter.

Ainsi, pendant l'insurrection de juin 1848, je lisais sur les barricades cette inscription : *Droit au travail.* Que signifiaient ces mots :

Résumaient-ils une obligation imposée aux patrons?

Mais s'ils n'ont pas de commandes!

Était-ce un devoir à remplir par l'État?

Pour un temps, cela peut se comprendre ; mais toujours, c'est impossible maintenant.

Eh bien! autrefois, sous l'ancienne Monarchie, les ouvriers parisiens avaient droit au travail.

Pourquoi cet avantage a-t-il cessé d'être? parce que la somme de travail n'est plus en rapport avec le nombre des bras à occuper; parce que la liberté commerciale et industrielle, excellente en principe, si l'on veut, produit infailliblement des variations subites. Aujourd'hui l'activité surabonde et les ouvriers font défaut; demain l'atonie lui succède, il y a trop de bras.

Puis, d'un côté, comme la population ouvrière restait à peu près stationnaire, et que, de l'autre, la population riche ou aisée augmentait à Paris par l'attraction de plus en plus irrésistible que cette Ville exerçait sur les nobles et les étrangers, par la beauté de ses monuments, par la variété des plaisirs semés sur les pas de la fortune, il en résultait que le superflu des riches assurait le nécessaire des pauvres. — Ainsi les ouvriers se battaient en 1848 pour une chimère qui était une réalité un siècle avant l'insurrection de juin.

La classe ouvrière sans croisement, homogène, constituait donc une agglomération honnête, laborieuse, saine, — le véritable peuple de Paris enfin.

Il avait, sans aucun doute, des défauts, mais pas de vices.

Il était léger, inconstant. Il chansonnait les ministres qui lui déplaisaient, comme il turlupinait le cardinal Mazarin, pendant la guerre civile de la Fronde.

Il se moquait des bourgeois qui se ruinaient dans la rue Quincampoix, en courtisant le système de Law; il stigmatisait les vices du Régent. Il était libertin, *il aimait la cotte*, comme il le confessait, mais sans être débauché.

Il était religieux par sentiment, mais pas dévot par tempérament. Les temples froids et monotones des protestants l'eussent ennuyé; il était catholique par les yeux comme par le cœur.

Il lui fallait la majesté de nos grandes basiliques décorées de tableaux, peuplées de statues. Lorsqu'il priait, il passait, sans les compter, tous les saints du paradis pour arriver plus tôt à la Vierge Marie. Il aimait les orgues, alors qu'elles soupiraient de douces et suaves mélodies. Dans sa profession, il créait ou perfectionnait; — il était artiste.

Ses mutineries n'avaient aucun caractère dangereux; il formait des attroupements, il faisait des émeutes; des révolutions, jamais.

Il ressentait une vive affection pour ses Rois, et se montrait reconnaissant des bienfaits qu'il en recevait.

Voici, entre autres, un témoignage de cette gratitude populaire.

L'hiver de 1783 à 1784 fut un des plus rigoureux; il tomba, dans le mois de décembre, une grande quantité de neige à Paris, et le froid devint si cruel, que le malheureux qui s'endormait sans feu dans son grenier, ne se réveillait plus le lendemain.

Le Roi Louis XVI écrivit au Contrôleur-général des

finances de mettre à la disposition du Lieutenant de Police l'argent nécessaire pour donner du bois et des vêtements aux indigents.

Dans la lettre du Souverain, on remarque cette phrase : *les malheureux sont surtout mes enfants, et je ne veux pas qu'ils souffrent.*

Louis XVI donna cent soixante mille livres; la famille royale et la Cour complétèrent un million.

Le 15 janvier, une députation des dames de la halle se présentait aux Tuileries, pour remercier Sa Majesté.

Celle qui devait porter la parole était une jeune fille qu'on appelait *la Reine des Halles.*

L'émotion lui fit oublier son compliment officiel, et voici comment elle le remplaça : « *Sire, je n'ai pas de mémoire, mais j'ai du cœur ; vous êtes un brave homme, je voudrais bien vous embrasser.*

Le Roi ne se fit pas prier, et lui donna deux bons gros baisers qui firent plaisir à entendre. La petite Reine des Halles eut l'honneur de dîner à la Cour, à la droite de Sa Majesté.

Le lendemain, ce fut le tour des hommes. Les ouvriers, joints aux forts de la Halle, après avoir mis en réquisition tous les gamins de Paris, érigèrent, au coin de la rue du Coq et de la rue St-Honoré, en face de la porte du Louvre, un singulier monument. C'était une pyramide de neige de la hauteur d'un étage. Parmi les inscriptions placées sur le monument, il en était une qui fit pleurer de plaisir le roi Louis XVI.

La voici :

Louis, les indigents que ta bonté protége
Ne peuvent t'élever qu'un monument de neige;
Mais il plaît davantage à ton cœur généreux
Que le marbre payé du pain des malheureux.

Quant à la bourgeoisie parisienne, elle devait être et elle était essentiellement royaliste; il n'en pouvait être autrement. La royauté l'avait faite riche, puissante, considérée. Grâce à l'organisation des corporations marchandes, le commerce parisien, dans les temps de calme, jouissait d'une prospérité sans égale; aussi était-il grandement intéressé à la conservation du Pouvoir qui assurait son bien-être, à l'éclat de la Royauté qui, multipliant les transactions, augmentait ses bénéfices.

Il payait gaiement les taxes municipales ; il savait que, de leurs produits, les Magistrats faisaient deux parts : l'une à la Royauté pour la couvrir de pourpre, la faire grande Dame et Souveraine-Maîtresse; l'autre servait à doter sa Ville bien-aimée de splendides monuments, afin de conquérir par les Arts le monde à Paris.

Un collier de diamants, une coupe d'or, un manteau de velours n'eussent pas été achetés par nos Rois ailleurs qu'à Paris.

On ne disait pas seulement : ce collier est d'un beau travail, mais mieux encore : ce collier est parisien.

La probité des commerçants de Paris méritait autant la préférence que la supériorité de leurs produits. Ce proverbe a prospéré pendant des siècles dans toutes les

Capitales de l'Europe : *commerce Parisien*, *commerce d'honnêtes gens* !

En ce qui concerne les savants et les artistes, dès le règne de François Ier, l'Université de Paris était devenue la grande École de l'Europe, et la Capitale de la France avait déplacé à son profit le centre des Arts.

En consultant les dictionnaires biographiques des grands hommes qui ont illustré notre pays, on voit, à partir de la seconde moitié du XVIe siècle, que Paris revendique l'honneur d'avoir donné naissance à près de la moitié de ces privilégiés du génie.

Encore est-il juste de reconnaître que toutes nos célébrités provinciales ont eu recours à la consécration suprême de Paris. Sans lui, ces grand hommes, étrangers au sol parisien, n'étaient estimés que comme diamants bruts. Paris était le lapidaire qui seul savait les tailler en facettes pour les faire étinceler.

Les poëtes, les savants et les artistes étaient, dans Paris, plus royalistes que nos Rois.

C'est Paris qui a donné naissance à Molière. Sans doute il eût été grand partout; mais Paris seul pouvait refléter la grande société française ; Paris seul offrait des types à l'immortalité du génie de Molière.

Quant aux étrangers qui contribuaient si puissamment à la prospérité de la Capitale, ils ressentaient pour Paris une préférence que cette Ville savait si bien justifier.

Les étrangers disaient : « *l'esprit et la joyeuseté sont dans l'air à Paris* ; si l'on doit aller à Londres pour ses affaires, on est heureux de venir à Paris pour ses plaisirs. »

Ce qui les charmait surtout était cette aménité parisienne, en haut comme en bas, qui se prêtait à toutes leurs fantaisies, qui allait au devant de tous leurs désirs.

Puis, les salons de Paris ont été, pendant des siècles, les mieux écoutés de l'Europe ; on savait y causer ; on savait encourager les étrangers, les mettre à l'aise, les faire briller. La critique était spirituelle ; l'épigramme chatouillait, mais ne piquait pas.

Le grand talent de la Ville de Paris était de savoir varier les plaisirs sous les pas des étrangers.

C'était une sirène qui les retenait par tout ce qui captive l'intelligence et la fortune, par les arts, la science, l'esprit et la beauté.

Telle était la Ville de Paris d'autrefois, la Cité-Reine de l'Europe, comme la saluaient de ce titre toutes les nations qui l'aimaient.

Voyons maintenant le Paris forgeron, la formidable Cité ouvrière.

On a vu que la population saine de Paris, sous l'ancienne, sous la grande monarchie, était essentiellement royaliste.

A-t-elle changé d'opinion? Son affection s'est-elle éteinte? — C'est ce que je vais examiner.

Des historiens ont écrit que les abus étaient si nombreux, si insolents, qu'une révolution paraissait imminente. L'atmosphère était, en 1789, disait-on, tellement chargée d'électricité, qu'il fallait que la foudre éclatât.

Sans aucun doute, il y avait alors des abus, comme il y en aura toujours; des réformes étaient nécessaires. Mais ces abus eussent été détruits, ces réformes acceptées, sans cette commotion terrible qui n'a rien laissé debout.

Deux causes principales ont laissé le champ libre aux révolutionnaires : l'excessive faiblesse du Roi et la détestable administration de la Ville de Paris qui s'était substituée à la Prévôté des Marchands après l'assassinat de Jacques de Flesselles.

Quelques jours avant la guerre, je me trouvais en plein faubourg Saint-Germain, dans un de ces splendides hôtels dont la grandeur et l'élégance contrastent avec les maisons carton-pierre des Samuel Bernard de nos jours.

Le maître de céans est un de ces grands seigneurs dont les aïeux, pendant huit siècles, ont tour à tour arrosé leur blason de leur sang, au service de la France et de la Royauté. — C'était tout un.

— Monsieur le Duc est absent, me dit un domestique ; bientôt il sera de retour. Veuillez avoir la bonté d'entrer au salon...

Comme je le savais décoré de magnifiques tableaux et peuplé de belles statues, j'acceptai tout de suite.

Bientôt, deux portraits captivèrent mon attention par les souvenirs qu'ils me rappelèrent. L'un était celui d'un haut personnage ; l'autre d'une grande et belle dame.

L'homme avait la tête couverte d'un chapeau de velours bordé de duvet de cygne. Sa physionomie ouverte et pleine de franchise inspirait l'affection plus encore que le respect. Son front qu'on ne voyait qu'en partie, me parut bien éclairé. Le nez était romain, mais les narines molles et trop arrondies en affaiblissaient l'expression. Sa bouche, bien ornée, avait l'habitude et la joie du sourire ; toutefois à l'épaisseur des lèvres, on sentait qu'elle répugnait à l'énergie du commandement. Enfin, sur ce visage, d'une beauté remarquable, quoique efféminée, se reflétaient toutes les vertus de l'homme de bien, sans accentuer aucune des grandes et fortes passions qui révèlent l'homme de génie. — Ce personnage était le roi Louis XVI.

L'autre portrait était celui d'une femme dans tout l'épanouissement de sa beauté. Elle devait être grande, élancée, souple ; son front élevé, fier, avait la transparence et le poli de l'ivoire ; ses yeux d'un bleu clair étaient doués d'une puissance, d'un charme, d'une attraction irrésistible. Son cou, plein d'élégance, avait l'usage de ces inflexions délicieuses qui sont des séductions si puissantes.

Le nez, légèrement aquilin, était bien et nettement dessiné ; les narines quelque peu renflées attestaient le courage et la fermeté. Sa bouche était grande par coquetterie pour laisser voir deux rangées de perles. Ses cheveux, d'un blond cendré, étaient abondants, soyeux et complétaient cette physionomie, sculptant un visage ovale, éclairé par un rayonnement qui ne s'accorde qu'à la beauté. — Cette femme était la reine Marie-Antoinette.

Ces tableaux me faisaient comprendre la révolution

bien mieux que toutes les histoires que j'avais lues ne me l'avaient enseignée jusques-là.

Je me sentis frapper doucement sur l'épaule ; c'était le maître de la maison qui rentrait.

— Vous étiez absorbé, me dit-il, dans la contemplation de ces deux portraits. Pourrait-on connaître vos réflexions ?

— Je pensais, Monseigneur, que si la Reine Marie-Antoinette avait été le Roi de France, au 10 août, le Souverain n'eût pas été se livrer bénévolement à l'Assemblée.

— Vous avez raison, Monsieur, me répondit le Duc, mon grand-père, qui ne quitta le Roi que le jour de sa captivité, m'a bien souvent répété que, si Louis XVI avait laissé à ses défenseurs la faculté et l'honneur de la résistance, toute la cohue qui vint se ruer sur les Tuileries eût été broyée en quelques minutes. La Reine voulait vaincre ou mourir en combattant. Dans un accès de courage et de fierté, elle força le Roi à prendre une épée et des pistolets que Louis XVI, quelques instants après, posa sur un meuble en disant: Je ne veux pas verser de sang.

Triste épargne, cruelle économie ! Quelques mares de sang vicié, corrompu eussent conservé le sang pur et généreux que la Révolution a fait verser par torrents à la France.

Je reviens à la populace que je vais suivre jusqu'à nos jours.

Au commencement du règne de Louis XVI, elle ne dépassait pas six mille bandits; ce n'était rien : elle ne pouvait être dangereuse pour une population saine de 580,000 âmes.

Mais à partir de 1785, cette populace grossit, et cela par suite des grands travaux exécutés dans Paris à cette époque. Les ouvriers parisiens ne pouvant suffire à la besogne, on appelle à leur aide les ouvriers de la province.

En 1788, les travaux, faute d'argent, sont interrompus ; les ouvriers provinciaux n'ont plus d'ouvrage. Au lieu de retourner dans leur pays, ils restent à Paris, où bientôt ils augmentent le contingent de la populace.

Par suite de la Révolution, des variations en sens contraires s'opèrent dans la population de Paris qui devient de plus en plus bourbeuse.

De juillet 1789 à juillet 1792, la Capitale vit s'éloigner de ses murs 15,000 familles parisiennes, nobles, riches ou aisées. Tous les étrangers, toutes les grandes existences abandonnent cette Ville qu'ils aimaient tant autrefois.

Par contre, dans la même période, plus de 50,000 bohêmes viennent envahir Paris fiévreux et empoisonné. Ce sont, pour la plupart, des ouvriers paresseux et débauchés, des cultivateurs qui trouvent que la terre est trop lourde à labourer, des ambitieux, des intrigants manquant d'horizon dans leurs provinces, des étrangers devenus nomades, parce que les lois les ont flétris et les repoussent de leur patrie qu'ils déshonorent ; des femmes dont les faiblesses ont eu des suites trop apparentes et qui viennent se refaire à Paris une virginité d'emprunt. Toutes ces dérivations provinciales ou étrangères viennent s'engouffrer dans Paris et porter le chiffre de sa populace, mâle et femelle, à plus de 50,000 bandits, bien résolus à tout oser, parce qu'ils n'ont rien à perdre.

C'est dans le sein cancéreux, tuméfié de cette populace que les Bertrand de la révolution sont allés chercher des bourreaux pour massacrer les prisonniers en septembre, et des tricoteuses pour insulter les victimes qui montaient à l'échafaud.

Cette invasion de la Capitale par cinquante mille bandits va gangrener une partie de la population.

Les ouvriers parisiens, par le fait de la destruction des Corps des métiers, ont à subir la concurrence inique, désordonnée des ouvriers provinciaux qui sont venus fondre sur Paris.

Ces derniers, moins habiles, s'engagent à prix réduits; comme le luxe a disparu et que les riches sont partis, les objets à bon marché, fabriqués par les ouvriers provinciaux, obtiennent la préférence sur les produits mieux travaillés, mais plus chers des ouvriers parisiens qui ne trouvent plus d'acheteurs.

Le génie inventif des enfants de Paris s'éteint, faute d'aliment, comme leur caractère généreux s'altère au contact des mauvaises passions.

Alors s'opère une fusion malheureuse : vices et vertus se confondent; ouvriers parisiens et provinciaux se mêlent, les familles se croisent et forment une population de métis, accessible à toutes les séductions, dont les appétits sont déréglés et les convoitises insatiables.

La Bourgeoisie parisienne a cessé d'être homogène aussi.

Elle est envahie, aplatie, par une autre population bourgeoise et provinciale; le tout forme une classe moyenne, mélangée, bariolée, moutonnière, sans convictions, sans vertus généreuses, sans vices scandaleux. Elle flotte, elle tourne au gré des événements; amie de l'ordre, elle ne sait pas le défendre; ennemie du désordre, elle craint de le conjurer. Elle se déguise en garde nationale, s'arme de fusils et met la crosse en l'air devant les piques.

Elle crie : Vive le Roi! quand l'émeute a le dessous; lorsque l'insurrection triomphe, elle forme complaisamment la haie sur le passage du fiacre qui conduit Louis XVI à l'échafaud.

La bourgeoisie de Paris qui a laissé guillotiner le Roi Louis XVI, aide à découronner le Roi Charles X, au lendemain d'une conquête glorieuse pour la France.

Après la révolution de 1830, elle improvise une Royauté à son image, celle de Louis-Philippe.

Dix-huit années sont à peine écoulées, que cette même bourgeoisie sert d'auxiliaire à la populace pour renverser le Roi des bourgeois.

La dictature exercée par la populace de Paris, cette dictature du ruisseau, si envahissante, si téméraire est-elle en réalité une puissance formidable?

La faiblesse du Pouvoir a fait sa force, la défaillance de la bourgeoisie sa témérité, la complicité des classes ouvrières ses triomphes.

C'est surtout ce manque de virilité dans les gouvernants qui explique leur chute.

Charles X avait certainement autour de sa personne, à Rambouillet, assez de nobles défenseurs pour lui reconquérir sa couronne à la pointe de l'épée. « Trop de sang a coulé» fut la réponse du Roi à ceux qui l'engageaient à continuer la lutte.

Si le Roi Louis-Philippe avait laissé carte blanche au Maréchal Bugeaud, l'accueil que le duc d'Isly se proposait de faire à la populace de Paris n'eût pas été encourageant pour elle.

Il fallait regarder cette populace en face, oser la toiser, descendre avec elle dans la rue; l'épée ferme et solide dans la main. Au premier coup de pioche, lui répondre par un premier coup de feu, puis continuer jusqu'à l'ensevelissement des émeutiers sous leurs barricades, et le fantôme eût disparu!

Le second Empire, par les folles dépenses de l'administration municipale de Paris, par les innombrables travaux exécutés simultanément dans cette Ville, devait exercer une attraction irrésistible sur les classes pauvres de nos provinces qui sont venues fondre sur Paris, avec l'espoir d'y travailler moins durement et de gagner davantage.

Voici des chiffres qui devraient donner à réfléchir à nos hommes d'État si le tourbillon qui les entraîne leur permettait quelques instants de méditation.

J'ai dit que sous le règne de Philippe-Auguste, en 1200, la Ville de Paris renfermait une population de 180,000 âmes. En 1789, elle atteignait à peine 600,000 habitants; il lui avait donc fallu 589 ans pour grossir de 189,000 à 600,000. — En 1869 au lieu de 600,000 âmes, Paris contenait *deux millions* d'habitants; *quatre-vingts ans* lui ont donc suffi pour produire une augmentation *de quatorze cent mille âmes*.

Dans tous ses rapports, M. le baron Haussmann considérait cette augmentation foudroyante comme un signe de prospérité. Dans tous mes ouvrages je l'envisageais comme la menace d'un immense malheur. — Je voudrais n'avoir jamais eu si cruellement raison.

C'est surtout à partir de 1852 que cette augmentation s'est accusée formidable. Eh bien! elle est provinciale pour les neuf-dixièmes et pour les sept-huitièmes au moins, dans le sens des classes ouvrières et nécessiteuses.

Toute cette émigration, décomposez-là; vous verrez qu'elle a fourni à la populace de Paris un contingent redoutable et inconnu jusqu'alors.

Eh bien! le gouvernement de la défense nationale n'a fait aucune distinction entre la population saine et la populace de Paris; honnêtes gens et bandits, tous ont reçu des armes. La première n'a songé qu'à bien faire; la seconde devait enfanter la Commune.

XI

La Garde Nationale ; une Élection dans le vingtième Arrondissement. — Discours du Président à marteau, les vertus sont sous la blouse ; les vices sous le paletot ; les propriétaires sont des vampires ; le vote à la main. — Les exercices et les cabarets ; l'absinthe a fait plus de mal que la variole.

Comme on vient de le voir, la population parisienne ne peut revendiquer une progression normale. Quoique enfant de Paris, je n'ai pas la prétention de faire croire que les 600,000 Parisiens de 1789, aidés par leurs fils et petits-fils, aient mis au monde, dans l'espace de 80 ans, *quatorze cent mille enfants*.

La vie et la mort se sont à peu près balancées dans cette orageuse période ; cette augmentation formidable est presque toute provinciale. En réalité, la Ville de Paris a subi un envahissement qui l'a complétement dénaturée.

Je me rappelais ces vérités en me rendant, quelques jours après le 4 septembre, aux réunions pour l'élection des officiers de *la Garde nationale*. Ces réunions avaient lieu, pour la partie du XXme arrondissement que j'habitais, dans une vaste construction en bois qui avait servi d'église, puis immédiatement après de théâtre provisoire.

Voici le procès-verbal d'une de ces séances; je le rédigeai, assis sur un banc de la rue de Puébla, dès ma sortie de cette étrange réunion.

J'arrive vers midi. Salle bâtie en bois contenant mille personnes, alors qu'elle servait d'église ou de théâtre. Douze à treize cents citoyens s'y sont engouffrés. — Atmosphère empuantie et mélangée d'eau-de-vie, de vin, d'ail, d'absinthe et de sueur. — Il me faut dix minutes pour faire le tour de la salle. — La grande majorité des assistants porte la blouse. — Une vingtaine de redingotes ou de paletots se sont risqués dans cette assemblée; on les regarde comme des Indiens nouvellement débarqués. — Au fond de la salle, derrière une table destinée à servir de bureau, un groupe s'est formé; au milieu pérore nn orateur. Un citoyen placé à ma gauche s'écrie :

— Voilà un chaud patriote !

Un monsieur en paletot qui se trouve à ma droite, me glisse ces mots dans l'oreille :

— C'est un ouvrier serrurier, un repris de justice ; il a fabriqué des fausses clefs qui ont servi à des frères et amis pour dévaliser un hôtel du faubourg Saint-Germain.

Le citoyen de gauche qui a surpris quelques mots :
— Tout un chacun peut avoir eu des faiblesses en sa vie, dit-il en toisant l'homme au paletot ; c'est un pur aujourd'hui : la République l'a blanchi.

— Quelle blanchisseuse que la République! dis-je en moi-même.

Enfin, un citoyen barbu frappe avec un marteau sur

la table, et cause un bruit épouvantable; cela veut dire: — faites silence !

L'assemblée obéit avec une sage lenteur.

L'homme au marteau qui s'est décidément nommé Président de la réunion électorale, installe quatre autres citoyens, toujours en blouse, et qu'il proclame membres du bureau.

Autour de ce bureau dont l'éclosion est toute spontanée, se groupent d'autres citoyens qui me semblent des entremetteurs d'élections; car plusieurs d'entre eux ont apporté des listes au Président, lequel en prend lecture d'un air satisfait.

Nouveaux coups de marteau, tellement accentués cette fois, que l'écritoire rebondit; son contenu va moucheter le visage d'un ouvrier maçon qui fait partie du bureau.

Enfin, le silence s'établit ; le Président se lève, ôte sa casquette.

— « Citoyens, dit-il, avec un accent dont les bords de la Garonne ont dû frémir, le XXme arrondissement est destiné au suprême honneur de servir de colonne à la République, une, indivisible et sociale ; vous devez en être fiers.

« Mais pour l'édifier sur des bases solides, arrière les aristocrates en gants jaunes; arrière les bourgeois en paletot. Les mains des vrais travailleurs, des chauds patriotes, des purs républicains doivent seules construire ce monument, si l'on veut le rendre fort et durable.

Cris dans l'auditoire : C'est vrai !)

— « Il ne s'agit pas seulement de défendre Paris contre les Prussiens, mais mieux encore de défendre Paris contre les aristocrates et les bourgeois qui sont des ennemis bien autrement dangereux.

Les riches et les bourgeois s'engraissent de vos sueurs.

— Ils ne sont guère dégoûtés, me risque dans l'oreille mon voisin de droite.

— Pour qui cet équipage qui sort des mains de l'ouvrier carrossier? Pour un riche qui va promener son oisiveté, côte à côte avec une dévergondée.

Pour qui cet hôtel? Le beau monsieur qui l'habite a des appartements somptueux ; les ouvriers qui ont bâti cette magnifique demeure ne trouvent pour reposer leurs membres fatigués que des taudis. Les propriétaires, ces vampires, leur sucent une partie de leur salaire si péniblement gagné.

(Ici, mon voisin de droite, à cette qualification de vampire accrochée à la dénomination de propriétaire, semble avoir l'intention de se dérober.)

—Les riches, continue le Président à marteau, jouissent du superflu ; vous manquez souvent du nécessaire ; est-ce juste? (cris unanimes : Non! non!)

— Vous n'avez pas même les miettes de leurs festins ; elles appartiennent aux chiens de la maison. Cependant, tout compte fait : les vertus sont d'ordinaire sous les blouses, et les vices sous les habits et les paletots. Eh bien! la République saura mettre dessus ce qui était dessous. Nommez donc, citoyens, pour chefs, ceux que nous allons vous désigner et qui sont de vrais républicains. —Voilà, frères et amis, les conseils que je crois devoir vous donner. (Tonnerre d'applaudissements).

Après quelques minutes, l'effervescence se calme. — Nouveaux coups de marteau, mais plus prudents cette fois, par suite de l'observation intéressée du maçon éclaboussé.

— Citoyens, dit le Président, vous allez procéder à la nomination du capitaine de la compagnie; nous proposons à vos suffrages le citoyen*** qui a eu l'honneur de subir quatre condamnations sous l'Empire; que ceux qui sont d'avis de le nommer, lèvent la main. (Presque toutes les mains sont en l'air et s'agitent.)

— Citoyens! la contre-épreuve! que ceux qui repoussent cette candidature lèvent la main à leur tour. (Une douzaine de mains se lèvent timidement; elles sont rabattues par des voisins.)

— A l'unanimité, dit le Président, le citoyen *** est proclamé capitaine de la compagnie.

Comme je me trouvais au nombre des rabattus, et que je portais une redingote, façon propriétaire et vampire, je compris qu'il était prudent de m'esquiver au plus tôt.

Ce mode d'élections, en usage pour les officiers de la Garde nationale, dans une partie du XXe arrondissement, ne saurait être considéré comme un fait isolé,

Pour imprimer à mes études un caractère de sincérité irrécusable, j'ai cru devoir assister, en amateur, à d'autres réunions, et je puis affirmer que, dans la plupart des quartiers excentriques, on a procédé à peu près de la même façon. Presque tous les candidats élus n'ont été nommés qu'en raison de leurs condamnations sous le gouvernement déchu. Plus on comptait de condamnations, plus le succès était certain.

Ce sont les cadres, dans la garde nationale, qui ont improvisé les chefs de bataillon, je dis improvisé, car on les nommait par acclamations, et l'on sait ce qu'ils étaient dans le XXe arrondissement.

Dans les grades inférieurs, en descendant à partir de celui de lieutenant, les états les plus favorisés ont été ceux de *marchands de vins* et de *coiffeurs*. Mais les premiers ont subi des vicissidudes, tandis que les seconds sont demeurés en pleine faveur, — cela mérite explication.

Bon nombre d'électeurs, affligés d'une soif inextinguible, pensaient qu'il fallait entourer l'honorable profession de marchand de vins d'une haute considération, et qu'en échange d'un képi couronné d'un liseré d'argent ou d'une sardine, au moins à chaque manche, ces dignes détaillants, dans leur reconnaissance, accorderaient certaines facilités de paiement, et que leurs distributions seraient moins parcimonieuses.

Mais les marchands de vin s'apercevant, après avoir brigué ces honneurs, qu'ils risquaient, en les conservant, de vider leurs caves, sans remplir leurs caisses, suspendirent l'expression trop coulante de leur reconnaissance, et rapportèrent aux électeurs les liserés et les sardines d'argent qui coûtaient trop cher.

Quant aux coiffeurs, un vieux proverbe parisien les complimentait autrefois; nos bons aïeux disaient :

le peigne délie la langue. Tout d'abord, je ne comprenais pas la possibilité d'attouchements licites sur la langue, cette messagère de la parole, par l'instrument si nécessaire de la chevelure.

Nos dignes aïeux ont voulu dire sans doute que les pratiques ne s'amusaient pas précisément, alors que les merlans (1), les coiffeurs de nos grands-pères, leur labouraient la chevelure, ou saupoudraient leur tête de farine dont la poussière parfois les faisait éternuer. Pour faire prendre patience à leurs clients, les merlans enjolivèrent leurs coups de peigne et leurs poignées de farine d'anedoctes plus ou moins amusantes, qu'ils ramassaient dans les ruelles.

Ils n'ont point dégénéré depuis ; si la poudre est passée de mode, la langue est restée aux coiffeurs.

Comme la République est le gouvernement des bavards par excellence, cela nous explique le succès des candidatures des citoyens coiffeurs.

Malheureusement, les contrôles de la garde nationale ont été brûlés en partie, durant la Commune, et pour cause.

La conservation de ces registres pouvait être précieuse pour l'histoire de Paris en ce que ces documents

---

(1) Dans son *Tableau de Paris*, édition de 1793, Mercier nous apprend que les coiffeurs de cette époque étaient appelés MERLANS parce qu'ils ressemblaient à ces poissons, qu'on enduit de farine avant de les faire frire.

eussent révélé bien des noms compromis pour des actes complétement étrangers à la politique.

Les états de paiements eussent également témoigné de nombreuses erreurs de comptabilité, rarement au préjudice de ceux qui les commettaient.

Ce que je puis certifier, c'est que les grades étaient dévolus, principalement dans les quartiers excentriques, à des candidats dont les antécédents ne se trouvaient pas toujours irréprochables.

Si un honnête homme, jouissant d'une excellente réputation, s'était présenté sans s'affirmer républicain, il eût été impitoyablement exclu.

Sans doute, dans ces quartiers éloignés du centre, on ne dédaignait pas les anciens militaires ; mais leur élection était subordonnée à la manifestation éclatante d'opinions démagogiques.

Il n'en était pas de même dans les arrondissements faisant partie de l'ancien Paris. Dans ces arrondissements, la population est agglomérée et toujours moins nomade qu'aux extrémités de la Ville ; on se connaît davantage et l'impunité n'est pas facilement acquise aux existences tarées.

Aussi, les choix, bien que favorisant beaucoup trop les hommes du jour, étaient généralement empreints d'un caractère d'honnêteté.

L'opinion qui dominait dans les deux tiers au moins de la population de Paris, était une opinion saine, patriotique ; cette population n'avait qu'une pensée, qu'une âme : sauver la France par une défense héroïque de la Capitale.

La garde nationale de Paris formait deux milices bien distinctes, complétement hostiles.

L'une ne songeait qu'à combattre, et tout de suite, les Prussiens.

L'autre voulait détruire d'abord le gouvernement, sauf à s'occuper ensuite des Prussiens.

Malheureusement la première, quoique la plus forte en nombre, ne mettait pas à conserver, l'énergie de la seconde qui voulait détruire, et nous refaire la République de 93, avec la Commune de Paris.

Il y avait donc en présence deux partis. Celui qui ne pensait qu'à combattre les Prussiens constituait le vrai peuple de Paris.

L'autre, qui voulait démolir le Pouvoir, était la populace.

Cette dernière ne tarda pas à devenir formidable. — Voici comment.

Après le 4 septembre, les transactions s'arrêtèrent; le commerce était anéanti, l'industrie morte.

Le Gouvernement alloua 30 sous par jour aux gardes nationaux nécessiteux. Jamais mode de recrutement n'obtint pareils résultats.

Comme les ouvriers, pour la plupart, manquaient de travail, à l'instant ils s'incorporèremt dans la milice citoyenne qui bientôt présentait un effectif de 500,000 hommes.

Mais les exercices n'absorbaient qu'une partie de la journée; comment trouver l'emploi de l'autre?

Les cabarets offrirent de délicieuses oasis; ils s'y installèrent en grand nombre. On y buvait, on y pérorait, on y contractait des habitudes d'ivrognerie; les meneurs y faisaient des prosélytes dont l'éducation politique était complétée dans les clubs.

Si l'épidémie a fauché les habitants de Paris, le cabaret a gangrené une partie de sa population ouvrière; le cabaret a fait plus de mal que la variole. On y prenait la famille en dégoût, le Gouvernement en haine, et le travail en horreur.

On n'y puisait pas l'ivresse du vin, l'ivresse de nos pères, gouailleuse et chantante, qui dérobe les jambes et vous laisse le cœur. C'était la soûlerie de l'absinthe, folie fiévreuse, implacable, concentrée. Plus on boit, plus on a soif; la langue se fige et le cœur aussi.

Vous êtes un homme à la première gorgée d'absinthe; lorsque le poison produit son effet, vous descendez dans l'odieux, plus bas que la bête féroce.

Il est difficile de se faire une idée de la quantité fabuleuse de vins et de liqueurs que la population de Paris absorba pendant le siége et durant la Commune.

Certainement la ville de Paris a bu, en dix mois, plus qu'en deux années ordinaires.

A ce sujet, j'ai réuni quelques faits, et noté certaines réflexions que je vais exposer.

Par exemple: la rue Oberkampf forme, avec celle de Ménilmontant, une seule et même voie qui, partant du boulevard des Filles-du-Calvaire, aboutit à la rue Saint-Fargeau sur les hauteurs de l'ancienne Commune de Belleville. La longueur de cette voie est de 2,400 mètres,

Eh bien! dans ce parcours que je suivais deux fois

par jour, j'ai compté, vers le commencement de novembre 1870, 147 débitants de vins et de liqueurs. Je ne parle pas des vivandières et des marchands ambulants qui battaient incessamment le pavé de Paris.

Les marchands de vins et les liquoristes ne vendaient pas seuls toute espèce de boissons; ce commerce était devenu si lucratif, et les pratiques si nombreuses, que les épiciers, les crémiers, les fruitiers et beaucoup d'autres s'étaient joints, pour cette distribution merveilleuse, aux détaillants ordinaires.

En ce qui concerne la voie dont je viens de parler, j'ai vu à différentes heures dans chaque établissement, à peu près 10 chalands en permanence, ce qui faisait pour cette seule rue 1,370 buveurs. Supposons un renouvellement de pratiques à chaque heure, cela donnait, pour une journée de douze heures, 16,440 consommateurs.

J'estime que les marchands de vins et de liqueurs, patentés, ainsi que leurs concurrents improvisés, étaient, à cette époque, au nombre de plus de 25,000 dans Paris.

C'est principalement dans les arrondissements excentriques et dans les grandes artères que dominaient ces débitants, dont plus des trois quarts étaient de véritables empoisonneurs.

Le mot empoisonneur n'est pas trop expressif; car ces débitants se permettaient toute espèce de mélanges; peu leur importait qu'ils fussent nuisibles, aucune surveillance n'étant exercée sur leurs établissements.

Tous ces odieux mélanges, tous ces affreux poisons

n'ont-ils pas été des excitations incessantes aux émeutes, aux pillages, aux meurtres et aux incendies dont la Ville de Paris a été la victime ?

XII

Les Clubs ; ils envahissent les salles de Concerts et de danse. — Clubs de la Reine-Blanche, du Pré-aux-Clercs, de la Révolution, Favié, de la cour des Miracles, des Folies-Bergère, de la République, de la Délivrance, de la Vengeance, etc. — Les discours ; les orateurs et le public. Définitions de la Commune.

Nous venons de voir une partie de la population de Paris commencer dans les cabarets son apprentissage politique qu'elle va poursuivre dans les clubs.

Après le 4 septembre les clubs se multiplièrent à l'infini, et se constituèrent avec le personnel des réunions publiques malheureusement autorisées par la loi de juin 1868. Salles de danse, salles de concerts, salles de spectacle furent en quelque sorte réquisitionnées par les meneurs qui voulaient la Commune au moyen de l'insurrection.

Les clubs prirent d'ordinaire leurs noms des établissements dans lesquels ils se formèrent. Ainsi le club de la *Reine-Blanche*, à Montmartre, celui du *Pré-aux-Clercs*, rue du Bac, s'installèrent dans deux anciens bals échevelés, comme le club de la *Révolution* s'empara de la salle de l'Élysée-Montmartre. Belleville revendique son club *Favié*, comme la rue d'Arras celui de la *Cour-des-Miracles*. Le club des *Folies-Bergère* émigra de la rue Richer, et vint s'abattre dans le Casino de la rue Cadet, sous le nom de club de la *République* ; celui que dirigeait Blanqui s'appelait club de la *Patrie en danger*. Le club rose-tendre de la salle Valentino fut dénommé club de la *Délivrance* et celui du boulevard Rochechouart, d'une teinte beaucoup plus foncée, club de la *Vengeance*.

Chaque club avait ses organisateurs qui recevaient le mot d'ordre des principaux meneurs. Chaque soir, l'assemblée élisait les membres composant son bureau; mais c'était pour la forme: les organisateurs se conférant la permanence.

Il y avait des Commissaires chargés de maintenir l'ordre, mission bien difficile à remplir ; d'autres s'occupaient des recettes et de protéger la caisse.

Le prix ordinaire des entrées était de 25 centimes comme au club Favié.

A Valentino, c'était 50 centimes, tandis qu'au club de la Cour-des-Miracles, la rétribution était facultative; la recette ne payant guère que le gaz et plus tard le pétrole appelé à jouer un triste rôle sous la Commune.

J'ai fréquenté, pour mon instruction, la plus grande partie des Clubs établis dans Paris, sous le gouvernement du 4 septembre, et je puis affirmer que, dans tous, sauf dans celui de la Délivrance (salle Valentino), on réclamait avec acharnement la Commune de Paris.

Ce qui semble fabuleux, c'est que pas un de ces Démosthènes improvisés, dont ces assemblées ont entendu les improvisations furibondes, ne s'est trouvé en état de donner une définition sérieusement acceptable de cette étrange Edilité.

Dans le chapitre IX de cet ouvrage, parlant d'un convoi d'un libre penseur, et d'une station dans un cabaret, après l'enterrement du mort, sans plus de cérémonie que si le défunt eût appartenu à la race canine, j'ai rappelé la signification donnée à la Commune dans le XXe arrondissement par un marchand de peaux de lapins en détail : « La Commune, disait le citoyen Burnichon, est un gouvernement où tout est en commun. »

Voici une seconde définition de la Commune; elle appartient à un orateur du club Favié. (Séance du 8 janvier 1871.)

... Un troisième citoyen fait observer qu'avant de se lever pour établir la Commune, il serait peut-être utile d'expliquer à la population ce qu'il faut entendre par la Commune.

(Protestations, dénégations, tumulte. Plusieurs voix : dites ce que c'est. L'orateur se rend à cette invitation.)

— La Commune, c'est le droit du peuple; c'est le rationnement égal, c'est la levée en masse et la punition des traîtres. La Commune enfin... c'est la Commune. »

Au club de la Reine-Blanche à Montmartre, j'ai cueilli cette troisième définition :

Le Président. — Dites-nous, Citoyen, ce que vous entendez par la Commune.

L'Orateur. — La Commune, voici ce que c'est : plus de généraux qui nous trahissent ; plus de propriétaires qui nous rongent ; plus de prêtres qui caressent nos femmes ; plus de marchands accapareurs qui nous volent ; plus de police qui nous moucharde... Voilà ce que j'appelle la Commune. (Tonnerre d'applaudissements.)

Au club du Pré-aux-Clercs, quatrième définition : La Commune, c'est le gouvernement de 93 à Paris, fauchant tous ceux qui s'opposent au triomphe du peuple, nobles, prêtres, bourgeois et propriétaires surtout.

Ainsi, pour la masse des ignorants, la Commune dans les quartiers excentriques signifiait *tout en commun*.

Dans les arrondissements plus favorisés sous le rapport de l'instruction, la Commune de 1871 devait être reconnue pour fille unique de la Commune de 1793. La seule modification admise était celle du fusil remplaçant dans les exécutions le couteau de la guillotine. On voulait faire la chose d'une façon plus discrète, en écartant l'appareil trop solennel de l'échafaud.

Je n'ai jamais entendu parler dans les clubs de libertés municipales, d'administration poprement dite ; ce qu'on réclamait en réalité c'était le gouvernement de la France par la Commune de Paris.

Cette réflexion faite, je rentre dans le Club Favié de Belleville.

Le public était à peu près le même tous les soirs : des gardes nationaux, des francs-tireurs, des femmes, beaucoup de femmes et des curieux ayant du temps à perdre.

Tous ces citoyens parlaient, les citoyennes criaient à qui mieux mieux, jusqu'au moment où le Président réclamait le silence.

Je reconnus dans l'assemblée bon nombre de ces maraudeurs qui, sous prétexte d'enlever aux Prussiens ce qui restait de denrées dans la banlieue, avaient dévasté nos Communes suburbaines.

Il s'y trouvait également de ces arracheurs de clôtures en planches que j'avais vus débiter sans façon dans la rue de Puébla les produits de leurs vols.

Quant aux orateurs, en général, on devinait, à leur accent, que nos provinces méridionales avaient fourni aux clubs de Paris le plus grand nombre de Cicérons en herbes parasites.

Il est huit heures un quart, la séance est ouverte.

Un monsieur qu'on me dit être un équarisseur obtient la parole.

— Citoyens, dit-il, je viens vous proposer *l'abattement* (sic) des chevaux de luxe, des chevaux de corbillards, des chiens et des chats. Nous pouvons nous passer sans difficulté des chevaux des Pompes funèbres ; les citoyens porteront eux-mêmes leurs parents ou leurs amis au champ du repos. Quant aux chevaux de luxe, il faut les sacrifier sans pitié ; les riches iront à pied comme nous.

Un Citoyen. — Je demande un sursis pour les chiens.

De tous les animaux, après l'homme, le chien est le plus intelligent et le plus fidèle.

Une Citoyenne (qui a passé l'âge de la floraison. — Fidèle... plus que les hommes.

2° *Citoyenne* (portière, en veuvage de cordon). — Je demande grâce pour le chat...

L'assemblée décide *l'abattement* des chevaux de corbillards et des chevaux de luxe; mais elle accorde un sursis aux chiens et aux chats. (Applaudissements des citoyennes.)

Un citoyen obtient la parole pour entretenir l'assemblée de la politique extérieure; il divague pendant vingt minutes. Un autre le remplace.

L'Orateur. — A quoi bon savoir si Lord Grandville a défendu à Bismarck de bombarder Paris. Que les Prussiens bombardent Paris si cela leur fait plaisir, c'est peut-être le moyen de nous sauver. On dit que les bombes incendieront les monuments des Arts, les Musées et les Églises. Citoyens, la République passe avant les Arts; d'ailleurs tous les artistes ont été corrompus par le despotisme. Qu'on brûle le Louvre avec les tableaux de Rubens et de Michel-Ange, je m'en consolerais facilement. Quant aux Églises, je verrais sans sourciller les tours de Notre-Dame s'abîmer sous les bombes. Ce n'est pas moi qui donnerais de l'argent pour les rebâtir.

Les bombes qui nous débarrasseraient de tous les monuments de la superstition que le Moyen-Age nous a légués, seraient les bienvenues ; elles épargneraient de la besogne aux socialistes. (Rires et applaudissements.)

Comme il se faisait tard, je quittai le club Favié, me promettant d'y revenir.

Le lendemain, pour varier mes études, je me rendis boulevard Rochechouart, à l'Élysée-Montmartre, où se tenait le club de la *Révolution*.

Il était mieux tenu que le club Favié.

Le club de la Révolution se composait d'associés actifs et de membres passifs.

Les premiers faisaient de la propagande, les seconds venaient écouter pour s'instruire, disait-on.

Les uns participaient à l'élection des membres du bureau ; ils assistaient seuls aux réunions privées du club. Pour faire partie de cette seconde catégorie, il fallait, au préalable, signer une profession de foi révolutionnaire, puis être adopté par l'assemblée générale. Alors, on délivrait à l'associé une carte nominative.

L'assemblée se proposait, comme but politique : l'établissement de la république universelle ; au point de vue économique et social : le collectivisme ; comme moyen : la révolution par la Commune. Les principes régulateurs devaient être : la raison, perfectionnée par la morale, une et indivisible.

Le club de la Révolution avait adopté le calendrier républicain, et j'entendis le président ouvrir la séance du 24 frimaire an LXXIX au cri de *Vive la Commune* !

On fit ensuite l'appel nominal des membres actifs, puis le Secrétaire donna lecture du procès-verbal de la séance précédente. Cette lecture terminée, le Président prit la parole :

— Citoyens, dit-il, nous avons engagé des négociations actives avec les autres clubs du 18e arrondissement, en particulier avec le club révolutionnaire de la *Reine-Blanche*, à l'effet d'établir entre toutes ces assemblées un lien fédératif.

Malheureusement, la réaction sème dès obstacles sous nos pas.

Ainsi, le propriétaire de la salle du club de la *Vengeance* impose au bureau l'obligation d'échanger cette dénomination révolutionnaire et républicaine contre le titre anodin et trompeur de club de la *Liberté* et d'élever le droit d'entrée de 10 à 15 centimes.

Malgré tous ces traquenards, notre marche ne sera pas arrêtée ; nous triompherons. La fédération des clubs, c'est l'établissement certain de la Commune de Paris.

Voici, pour le 18e arrondissement, la liste des candidats à la Commune ; en tête figure le citoyen Blanqui. (Le Président donne lecture de cette liste.)

Comme vous le voyez, citoyens, ajoute-t-il, nous n'avons pas oublié *l'Association internationale des Travailleurs* qui doit fournir à la Commune plusieurs de ses membres. La Commune n'entend pas, ainsi que le prétendent ses calomniateurs réactionnaires, s'imposer à la France ; elle doit être essentiellement parisienne.

Mais en sauvant Paris, la Commune sauve la France;

Paris aura donc conquis le droit de faire ses conditions à la province.

Un Citoyen. Mais si les ruraux voulaient nous imposer une restauration monarchique ?

Le Président. — Nous saurions la repousser en maintenant debout la république parisienne, en présence de la réaction départementale. Mais je suis convaincu, citoyens, que l'ascendant moral de la Commune de Paris sera d'une telle puissance, qu'elle n'aura pas besoin de recourir à ces extrémités.

On passe à la question du pain ; un charbonnier demande la parole et l'obtient.

L'Orateur.— Il y a des boulangers qui refusent, par cupidité ou trahison, de fabriquer le pain qui nous est indispensable. Avant la taxe, ils gagnaient jusqu'à 22 francs par sac de farine.

Un Citoyen. — C'est exagéré.

L'Assemblée. — A la porte l'interrupteur.

L'Orateur (continuant).— Les boulangers ne gagnent plus aujourd'hui que 12 ou 15 francs, cela me paraît encore bien honnête. Ces messieurs cependant n'en trouvent pas assez et ferment leurs boutiques.

Un Citoyen (avec force). — Il faut aller chez eux en nombre. S'ils refusent d'ouvrir, enfonçons leurs portes et mettons la main sur leurs sacs pour les obliger, séance tenante, à chauffer leurs fours et cuire le pain.

2e *Citoyen.* — Certainement, si nous enfonçons les portes des boulangers, ils ne pourront plus les fermer, Mais trouverez-vous après des boulangers?

3e *Citoyen.* — Nous prendrons leurs mitrons et nous les ferons maîtres-boulangers.

L'assemblée aborde ensuite les questions générales. Un citoyen demande la parole pour continuer le commentaire qu'il a commencé dans la séance d'hier ; « il s'agit de la Déclaration des Droits de l'Homme, de Maximilien Robespierre. » Tous les grands révolutionnaires; dit-il, sont étrangers à Paris ; le plus incorruptible, le plus sincèrement républicain était Robespierre. Paris sert de champ-clos aux révolutionnaires qui viennent combattre les aristocrates, les prêtres et les bourgeois pour lesquels la Capitale est une immense hôtellerie.

Lorsque nous aurons consolidé la République, avec ou sans les Parisiens, elle s'étendra facilement en province, puis en Europe. Tous les peuples sont frères mais à la condition d'être républicains; on ne peut admettre qu'un peuple soit assez lâche pour se prostituer à la monarchie. Tous les États de l'Europe formeront alors une véritable fédération républicaine. (Applaudissements.)

Un Citoyen. — Tout en approuvant le discours qui vient d'être prononcé, je pense que cette fédération républicaine ne saurait être qu'une chimère, tant qu'on n'aura pas supprimé toute espèce de cultes: les prêtres, pasteurs et rabbins étant les adversaires naturels des libertés révolutionnaires.

Deuxième Citoyen. — Il ne serait pas politique d'employer la force en cette circonstance. Voyez la révocation de l'édit de Nantes; les persécutions exercées par le tyran Louis XIV contre les protestants, n'ont-elles pas été complétement inefficaces?

Cela dit, je suis en parfait accord avec les orateurs qui m'ont précédé; je partage entièrement leur opinion sur l'immoralité des religions, et en particulier du catholicisme. Je vais même plus loin qu'eux, car je voudrais que toutes les églises fussent transformées en clubs. (Approbation.)

Je suis à tel point convaincu que la religion est une peste morale, que je considère certains lieux, dont il est fort question dans les satires de Mathurin-Régnier, comme moins nuisibles à la pudeur publique que les maisons religieuses. En suivant cet ordre d'idées, je vous demande, Citoyens, la permission de poser certaines questions que vous résoudrez dans votre sagesse patriotique.

Premier cas : Un jeune homme, libre-penseur, peut-il se marier à l'église?

Troisième Citoyen. — Je demande à répondre.

Le Président. — Parlez.

Le troisième Citoyen. — Je suis pour l'affirmative, mais à la condition expresse de stipuler que les enfants à naître de ce mariage ne devront pas être baptisés.

Un Membre, au fond de la salle. — C'est une réponse jésuitique; il y a divorce entre un libre-penseur et l'Eglise.

Le Président consulte l'assemblée qui paraît être d'avis d'admettre la composition, en forme de réserve, soumise par le troisième citoyen.

Le deuxième Citoyen, (l'auteur des propositions),

pose en ces termes une deuxième question à l'assemblée : une femme qui se rend à confesse, à l'insu de son mari, ne l'outrage-t-elle pas plus gravement qu'elle ne pourrait le faire en commettant une infidélité , et la première offense n'est-elle pas plus sensible au libre-penseur que ne pourrait l'être son infortune conjugale?

Une Citoyenne (d'un âge désintéressé dans la question). — Si une femme ne dit pas à son mari : je vais à confesse, pensez-vous, citoyens, qu'elle avouera l'avoir fait... malheureux ? (j'atténue la crudité de l'expression.)

Deuxième Citoyenne (d'un âge plus susceptible). — Je demande si, dans l'espèce, il ne s'agit que d'une simple confession, sans intimité avec le confesseur ?

Troisième Citoyenne (en pleine floraison). — Un homme est toujours un homme (violents murmures).

Quatrième Citoyenne (avec conviction). — Non, un homme n'est pas toujours un homme.

Cinquième Citoyenne. — Laissez dire la femme Valpinçon ; on lui connaît l'expérience des comparaisons.

La quatrième Citoyenne, (montrant le poing). — Qu'est-ce à dire, Madame Grenouillard?

La cinquième Citoyenne. — N'avez-vous pas attiré chez vous, mon mari ?

La quatrième Citoyenne. — C'était pour le convertir à la République.

Un Citoyen qui semble prévoir un orage, demande la parole et l'obtient.

Le Citoyen. — Il me semble que cette altercation ne

se rattache pas directement à la question de la défense nationale. (De toutes parts : à la porte l'interrupteur !)

Un Commissaire, orné d'un brassard rouge, se dirige vers l'interrupteur, et l'invite poliment à sortir de la salle ; le citoyen s'exécute en disant : vous avez beau faire, la question est conjugale et nullement nationale.

Il est dix heures ; la séance est levée ; mais le Président invite les associés actifs à ne pas quitter la salle, car il a une communication importante à leur faire. Les spectateurs se séparent aux cris de *Vive la Commune* ! ! !

Un de mes voisins vint m'avertir vers le milieu du mois de décembre, que le club Favié devait s'occuper de la question relative à la *Constitution* de la *Commune.* Alléché par cette nouvelle, j'essuyai le feu de plusieurs discours, avant d'entendre cette curieuse définition.

L'Orateur. — Comment constituer la Commune ? Trois modes de nominations se présentent :

1° On peut faire élire les Membres de la Commune dans chaque arrondissement. Mais la Commune, selon moi, serait infailliblement confisquée par les réactionnaires et les jésuites. (Cris : non ! non ! il n'en faut pas).

2° Faire nommer les membres au scrutin de liste ; dans ce cas, les républicains pourraient avoir la majorité. Ils l'obtiendraient, si l'on consulte les chiffres du plébiscite de mai. Par contre ils ne l'auraient pas, si l'on se rappelle les chiffres du plébiscite de novembre.

N'oublions pas que les destinées de la France sont en cause en ce moment; doit-on les abandonner au hasard d'un scrutin? Vous ne le voudriez pas. Il faut donc recourir au troisième mode de nomination, *il faut que nous choisissions nous-même quatre-vingts républicains purs qui formeront la Commune et qui sauveront la République comme on l'a sauvée en* 93. (Applaudissements et cris : — Vive la Commune révolutionnaire!)

Retournons au club de la *Reine-Blanche* où il doit être question du drapeau rouge.

L'Orateur. — J'arrive de l'Elysée-Montmartre où l'on a décidé que la Commune adopterait le drapeau rouge. Vous savez, citoyens, de quelle façon cette couleur a été calomniée par les réactionnaires. Permettez-moi de la réhabiliter. Le rouge est la couleur du soleil, du feu, de la nature et de la civilisation. Dans les religions de l'antiquité, le rouge est la couleur divine (murmures). Les Guèbres adorent le rouge, et si nous consultons les étymologies des langues orientales, nous voyons que la même expression signifie *rouge* et *beau*. Dans les langues slaves, *Krassné* rouge est synonyme de beau. Le rouge emblème du feu est aussi l'emblème de la civilisation.... (Cris : Assez! assez!)

Un Citoyen. — C'est un pion du collége municipal Rollin qui vient ici préparer sa leçon.

Deuxième Citoyen. — Mais le drapeau rouge était le drapeau des Anglais, lorsqu'ils se rendirent maîtres de Paris, sous Charles VI. Malheureusement, il n'y a plus de Jeanne-d'Arc aujourd'hui.

Que n'avons-nous des pucelles à Paris maintenant, comme la pucelle d'Orléans d'autrefois! (Réclamations de plusieur citoyennes.)

Le même citoyen (continuant). Dans le drapeau tricolore, le blanc signifiait le roi, le bleu la loi, le rouge le peuple. Eh bien! nous n'avons plus de roi, et c'est le peuple qui fait la loi. Le rouge est donc la couleur du drapeau de la République.

Le Président. — Citoyens, le rouge ne fait plus peur aujourd'hui qu'aux bestiaux et aux dindons.

La séance est levée aux cris de vive la Commune.

Au club de la *République*, j'ai noté ce qui suit :

Un citoyen propose de créer une ligue du silence composée de gardes nationaux armés de poignards et de révolvers qui se tiendraient, trois par trois, derrière les combattants, et auraient la triple mission de relever les blessés et de les remplacer sur le champ de bataille, de casser la tête aux fuyards à coup de révolvers ou de les percer de leurs poignards.

Quelques jours avant les élections, pour les Maires des vingt arrondissements de Paris, une réunion eut lieu chaussée de Ménimontant, *salle du grand pavillon* pour soutenir la candidature du citoyen Blanqui.

Premier Orateur. — Le moment est venu de nommer cet homme intègre et incorruptible; car la corruption et la trahison nous ont fait rouler au bord de l'abîme.

La catastrophe est prochaine. Nous n'avons qu'une chance de salut, c'est de nommer Blanqui, l'ennemi des jésuites et des traîtres, Blanqui, le républicain qui conspire en faveur de la République démocratique et sociale depuis plus de cinquante ans. (Ici une discussion s'engage sur l'âge de Blanqui)

Deuxième Orateur. — Le Gouvernement fait administrer notre arrondissement par une Commission. Ce n'est plus une mairie que nous avons à Belleville; c'est un Hôtel-de-Ville où siége un gouvernement provisoire à l'image du grand. Il faut nommer Blanqui; il nous débarrassera du grand et du petit (Applaudissements).

Les hommes de l'Hôtel-de-Ville, nous laissent mourir de faim et de soif.

J'avais l'habitude de boire tous les matins mon demi-setier; aujourd'hui je me trouve réduit à me contenter d'un canon. Aussi je maigris, et si cela continue, je tomberai dans la *mansuétude* (sic).

Troisième Orateur. — Il y a des poules mouillées, même à Belleville. Dans mon bataillon, j'ai entendu dire ce matin qu'on avait assez résisté et qu'on souffrait trop. Nous sommes énervés; il nous faut des hommes de 93, pour nous redonner du cœur. Il nous faut des Marat, des Danton et des Robespierre...

C'est Belleville qui sauvera l'Europe; seulement il faut un homme à Belleville, un homme de 93 et cet homme c'est Blanqui. (Tonnerre d'applaudissements).

Parmi les orateurs improvisés qui se sont fait écouter dans les Clubs, un seul m'a paru véritablement doué d'une certaine éloquence populaire, et de nature à produire une vive impression sur ses auditeurs.

Cet orateur était le citoyen Briosne.

Vers le milieu du mois de janvier, il prononçait, au club *Favié*, un discours dont voici les passages qui m'ont paru les plus saillants.

— Citoyens, la situation actuelle est désespérée; pourquoi? parce que le gouvernement a suivi l'exemple funeste de ses devanciers, en nous cachant constamment la vérité; parce qu'il nous a nourris d'illusions; parce qu'il nous a dissimulé la puissance de l'ennemi qui nous enserre. Cet ennemi a sur nous l'avantage de la discipline et de la science. On a voulu nous faire croire que nous pouvions l'emporter sur lui par la supériorité du courage.

Vaine illusion! déplorable mensonge! Notre ennemi est aussi courageux que nous. Au lieu de le déprécier nous eussions dû faire tous nos efforts pour obtenir ce qui nous manque, afin de l'égaler et de le vaincre.

Il y a trente-cinq jours, lors de ma derniere visite au Club Favié, il était encore possible de tout sauver. On avait 600,000 hommes et des vivres; on pouvait engager une action énergique et décisive, de concert avec la province; aujourd'hui, le temps manque, on est à bout.

Qui parle encore de faire la Commune?

Qui serait encore assez insensé pour assumer sur lui la responsabilité de la situation où nous sommes?

La Commune! son heure est passée. Auriez-vous le temps d'organiser un gouvernement, d'imprimer à tous les services l'impulsion nécessaire pour assurer la résistance? — Non il est trop tard.

Mais à qui la faute? Sur qui doit peser la responsabilité de la situation? Cherchez le coupable.

Est-ce le peuple? Non! Le peuple ne gouverne pas; il est mené, exploité comme il l'a toujours été.

C'est la bourgeoisie, la bourgeoisie qui a la science, la richesse et le pouvoir: c'est elle qui sera responsable du désastre de Paris.

Mais ce désastre sera plus grand qu'elle ne se l'imagine...

Il faut que la chute de Paris soit digne de sa renommée.

Quand Jérusalem est tombée, les femmes jetaient sur l'ennemi, du haut des murailles, les membres palpitants des défenseurs de la Cité sainte.

De Palmyre, la Reine du désert, il n'est resté qu'une colonnade mutilée, et l'on a cherché, pendant des siècles, l'emplacement de Babylone et de Ninive...

Au lieu d'imiter l'autruche, qui se cache la tête sous le sable, imitons le lion acculé, qui s'élance sur son ennemi, et lui fait sentir sa griffe, dans une dernière convulsion d'agonie. Sortons tous, hommes, femmes, enfants; oublions nos divisions, nos griefs, nos haines. Pardonnons à la bourgeoisie si elle veut mourir avec nous. Sortons à quinze cent mille à deux millons; les Prussiens ne pourront nous massacrer tous. Ceux qui nous survivront iront nous chercher des vengeurs, et si nous mourons, nous aurons fait une fin digne de la Capitale du Monde.

— Maintenant, que le lecteur me suive au Club de la *Vengeance*.

Ce club n'était pas aussi terrible que semblait l'annoncer son titre formidable. Il se trouvait boulevard Rochechouart, n° 15, à côté du grand café du Delta, dans une salle de concerts, dénommée salle de la Gaîté.

L'Orateur. — Je n'ai pas la moindre confiance dans les membres du gouvernement de la défense nationale; je n'estime que le général Trochu.

Méfiez-vous surtout du Citoyen Ernest Picard; c'est un ventru, et vous savez tous que le ventre ne se développe qu'au détriment du cœur. (Protestations des gros ventres.)

Ne confondons pas, Citoyens, dans la même réprobation tous les ventres; s'il en est que je méprise, j'en connais qui sont estimables.

Ces derniers se développent aux agréments culinaires du foyer domestique. Mais le ventre du Citoyen Ernest Picard est un abdomen qui appartient au public; il le considère comme le signe évident de la corruption monarchique, l'emblème de la trahison et la preuve de la duplicité réactionnaire...

Permettez-moi de terminer par l'éloge du citoyen Mégy, lequel a su accomplir un des grands actes des temps modernes en brûlant la cervelle à un des sbires du tyran. S'il y avait en France beaucoup d'hommes de la trempe de Mégy, le règne des tyrans deviendrait absolument impossible. (Séance du 22 novembre.)

Inutile de conduire le lecteur dans d'autres réunions; tous les clubs se ressemblaient.

Si l'on avait pu extraire des maisons d'aliénés les

fous les plus dangereux pour les réunir ensuite, en leur offrant la politique pour sujet de discussion, les principes de ces infortunés frappés de démence eussent été moins dangereux, leurs excentricités moins fantastiques que les aberrations étranges qu'il m'a fallu subir dans ces conciliabules révolutionnaires.

XIII

Affaissement moral de la nation; opinion d'un libre-penseur sur la nécessité d'en finir avec le vieux monde et d'en créer un nouveau. — Documents sur la cherté des vivres pendant le siége de Paris; quelles sont les classes qui ont le plus souffert? — Le 29me de ligne à la caserne de la Nouvelle-France ; une chasse d'un nouveau genre.

La guerre nous a causé d'affreux malheurs ; la France, amputée de deux provinces, après avoir versé le plus pur de son sang, est condamnée au paiement d'une rançon énorme.

Mais tous ces maux qui sont venus fondre sur elle, quelle que soit leur gravité, sont guérissables pourtant.

La France peut reprendre son rang dans le monde ; le sang rentrera dans ses veines un moment épuisées; elle paiera sa rançon et se fera libre.

Ce n'est pas seulement un Empire qui s'est effondré, c'est l'affaissement moral de la nation qu'il faut surtout déplorer. C'est l'affadissement du cœur pour tout ce qui est honnête, pur, noble et grand. C'est, en bas, cette curée aux jouissances matérielles; au milieu comme en haut, cette course au clocher pour arriver, par tous les moyens, à la fortune d'abord, à ce qu'on appelle les honneurs ensuite.

Dans les grandes villes, à Paris surtout, la démoralisation était affligeante.

On a vu l'ivrognerie corrompre, en les abrutissant, nos classes autrefois laborieuses.

La populace de Paris, la plus dangereuse, la plus infâme et la plus ignoble des populaces, parce qu'elle se compose de tous les résidus, de toutes les impuretés de l'Europe, a fait de nombreux prosélytes au matérialisme parmi nos ouvriers.

Cela est si facile de se dire libre-penseur et si commode de l'être.

Ne croire qu'aux choses qu'on voit ; ne penser qu'à jouir du présent, sans souci de l'avenir, sans crainte d'avoir un jour des comptes à rendre.

La négation d'une justice divine est l'amorce de tous les vices et la complice de tous les crimes.

— Qu'ai-je donc à craindre, me disait un jour un libre-penseur, avec un cynisme qui m'effrayait.

Ce sont les Rois et les Prêtres qui ont inventé Dieu pour nous faire peur, comme aux enfants, Croquemitaine.

Comme je n'ai à vivre que pendant un temps dont

'ignore la durée, il faut donc penser uniquement à contenter mes goûts, à me rendre heureux à ma façon.

La société actuelle est contrefaite, je suis menuisier, il faut la raboter.

Voyez : les uns jouissent du superflu, les autres manquent du nécessaire. Faisons la part de chacun, qu'elle soit égale pour tous ; — pas de part du lion.

Le noble, le bourgeois et l'ouvrier sont couverts, pendant leur existence, d'une peau semblable ; dès leur mort, l'égalité recommence et les cadavres du noble et du bourgeois sont pourriture comme celui de l'ouvrier.

Présentement, il me faut rigoler ; je veux boire du bon vin. Pourquoi pas? J'ai le palais délicat comme un autre.

Il me serait agréable de me procurer une femme superbe, comme celle qui roucoulait à la salle des ci-devant concerts de la Gaîté ; tant de beaux messieurs ont à leur disposition plusieurs femelles qu'ils n'utilisent pas.

Je couche dans un taudis où je n'ai pas d'air. Serait-ce indélicat de dire au propriétaire ? Aristo, tu possèdes dans ton hôtel, outre les salons, vingt chambres au moins ; tu vas te dépêcher de m'en offrir une à discrétion avec un lit pour deux.

D'où vient que les uns ont tant de jaunets qu'ils crèvent leurs poches, tandis que les autres n'ont pas deux sous pour prendre un canon ?

Voyez : le vieux monde n'est plus possible ; il y a trop

d'inégalités. Il craque de toutes parts ; passons le râteau là-dessus.

Vous me direz qu'il me faudra peut-être compter un jour avec les robes noires, qu'on appelle des juges sous les tyrans. Mais, pour le présent, nous sommes en République ; on peut faire sa petite pelote et s'entendre avec la Commune, qui ne fera pas sa mijaurée.

Si les tyrans et les robes noires remontent sur l'eau, ce qui n'arriverait pas si l'on prenait la précaution de leur mettre une pierre au cou, ils sont capables, je le sais, de m'envoyer éternuer place de la Roquette.

Mais on s'habitue à cette idée-là ; l'on se dit : c'est l'affaire d'une grimace... après... plus rien ; on dort toujours.

Ce libre-penseur a mis en pratique ses touchantes maximes ; il s'est fait maraudeur pendant le siége. Il a bu à discrétion du bon vin, d'autant plus généreux qu'il était volé.

Il s'est crânement installé, durant la Commune, dans un hôtel où il s'est adjugé la plus belle chambre, où il a dormi sans le moindre cauchemar de propriétaire.

Il avait la tête couverte d'un képi couronné de trois liserés d'argent ; on l'appelait : « Mon capitaine. »

Il se pavanait avec une femme au bras; c'était la beauté massive qu'il avait rêvée.

Il avait enfin des billets de banque embaumés dans un portefeuille de cuir de Russie, et de l'or dans ses poches.

Pour se conserver sa chambre, ses billets de banque

et son or empruntés à ses concitoyens, il s'est cramponné à la Commune, en contribuant franchement à son illustration par le pillage, le meurtre et l'incendie.

Les robes noires ne l'ont pas inquiété; mais les Versaillais sont venus. Sans égard pour son képi couronné, on a placé sans façon mon capitaine, le dos contre un mur, et le libre-penseur est tombé foudroyé.

Le matérialisme avait fait cause commune avec l'ivrognerie; ils sont devenus frère et sœur.

J'ai dit que l'ivrognerie, l'absence de toute police et la paresse avaient engendré cette foule de maraudeurs qui, après avoir pillé la malheureuse banlieue, sont venus trafiquer sur les bons de pain et de viande, durant le siége de Paris.

Que de tripotages sur les fournitures militaires et sur la solde des compagnies, en présentant de faux effectifs ! Que de rations vendues clandestinement et qui faisaient l'abondance au profit de quelques-uns, et la disette au préjudice du plus grand nombre.

Au sujet de l'excessive et douloureuse cherté des denrées, voici quelques notes assez intéressantes.

Je les ai recueillies dans la rue, à la fin du mois de décembre et dans les premiers jours de janvier.

Charcuterie. — Lard, la livre.............. 6 fr. »» c.
— Jambon (très-rare) la livre.... 10 »»
ce qui élevait le prix d'un jambon ordinaire à............................ 120 »»
— Fromage d'Italie, affreux mé-

lange de toutes sortes de chairs d'animaux suspects, la livre....................	2 fr.	»» c.
— La galantine de cheval, la livre.	5	»»
— Le saucisson de cheval, la livre.	5	»»
Volaille. — Une dinde non truffée........	125	»»
— Une oie ordinaire................	85	»»
— Deux poules....................	40	»»
— Un pigeon......................	12	»»
— Un merle......................	2	»»
— Un pinson......................	1	»»
— Une douzaine de moineaux francs vulgairement appelés pierrots..........	9	»»
Légumes. — Haricots secs, le litre.........	3	»»
— Champignons frais, la livre......	2	25
— Conserves de champignons, représentant le poids de 400 grammes.	2	50
— Conserve de petits pois, la boîte..	5	»»
— Conserve de haricots verts.......	3	»»
— Choux de Bruxelles.............	5	50
— Une carotte potagère...........	»	60
Ce qui met la botte de douze à........	7	20
-- Un navet, de la grosseur d'une pomme de rainette............	»	80
— Une betterave.................	4	»»
— Une tête de céleri..............	2	25
— Une escarole..................	1	25
— Un poireau....	»	40
— Le litre d'oignons..............	3	25
-- Une pomme de terre..........	»	50
— Un chou-fleur.................	5	»»
— Un chou-pommé...............	6	»»
— Un petit chou.................	1	»»
Une livre de feuilles de choux qu'on mettait autrefois aux ordures..........	»	75
Gibier. — Un lièvre......................	65	»»
— Un lapin......................	25	»»

— Un canard de basse-cour...........	30 fr.	»» c.
— Un canard sauvage.................	5	»»
— Une pie...........................	2	75
— Un corbeau........................	2	50
Poissons. — Une friture de quinze goujons ou poissons blancs.....................	6	»»
— Une carpe......................	12	»»
— Morue, la livre..................	3	»»
— Un maquereau salé..............	5	»»
— Une boîte de sardines............	6	»»
Beurres, Œufs, Fromages, Confitures, etc. —		
— Beurre frais, très-rare, la livre...	40	»»
— Beurre salé, la livre.............	25	»»
Fromage introuvable, si ce n'est à la Mairie du XIme arrondissement où il se vendait en minime quantité............	1	20
— Un œuf de poule...............	1	»»
Les graisses ordinairement employées dans nos cuisines avaient complétement disparu des marchés ; elles étaient remplacées par des préparations et des mélanges qu'on ne pouvait analyser. Ainsi, la graisse dite de bœuf, se vendait les 500 grammes.......................	3	»»
D'autres graisses innommées............	1	80
Quant aux confitures, elles étaient remplacées par des préparations de betterave auxquelles on donnait le nom de groseilles ; par des mélanges de raisins secs et de mélasse, appelés confitures de raisins: on les vendait le demi-kilogramme.	2	»»

Ces renseignements donnent une idée de l'alimentaon des habitants de Paris. Ajoutez à leur souffrance un morceau de pain d'un goût détestable et d'une digestion très-difficile.

Les riches pouvaient se procurer, au poids de l'or, quelques adoucissements, grâce à la rapacité de certains marchands, qui avaient dérobé, aux regards des consommateurs ordinaires, des denrées qu'ils vendaient à des prix exorbitants.

Un de nos régiments de ligne eut l'esprit d'augmenter sa pitance par les produits d'une chasse d'un nouveau genre.

Le 29e était installé à la caserne de la Nouvelle-France (1).

Les conduits des eaux qui se trouvent dans la cour aboutissent à un aqueduc dont l'entrée se trouve placée au milieu de cette caserne. Une quantité innombrable de gros rats logeaient dans ces conduits, et allaient se promener impunément dans les différentes parties du bâtiment.

Les soldats résolurent de profiter de cette circonstance; ils s'entendirent pour gratifier les promeneurs des débris de leur cuisine et des restes de leurs repas.

Ces animaux, faisaient ainsi bonne chair, et se donnant de l'air ensuite, devinrent dodus et superbes. Dès que nos *trufards* les trouvèrent suffisamment engraissés, ils ouvrirent la porte centrale de l'aqueduc et

(1) Cette caserne est située rue du Faubourg Poissonnière n° 82. — Hoche et Bernadotte ont été sergents à la Nouvelle France.

les prirent par centaines. Puis, après les avoir dépouillés, ils en garnirent de longues broches et les firent rôtir au feu de la cuisine, ajoutant, de la sorte, à la portion de cheval dont les gratifiait le Gouvernement, un plat supplémentaire qu'ils trouvèrent délicieux.

Chaque classe composant la population de Paris, durant le siége, avait sa part de souffrances à supporter.

Mais le fardeau n'était pas aussi lourd pour toutes.

La fortune avait ses priviléges comme toujours.

D'ailleurs, un certain nombre de riches s'étaient affranchis par la fuite, du devoir de servir la patrie.

Ceux qui étaient restés ont pu se procurer, en dépensant beaucoup d'argent, sinon les douceurs culinaires d'autrefois, au moins le nécessaire du moment.

Les victimes le plus à plaindre, durant le siége et pendant la Commune, ont été, sans contredit, les petits rentiers, les employés ordinaires et les commerçants de second ordre.

C'est surtout dans les quartiers éloignés du centre de la Ville, dans le Paris annexé que j'ai vu cette vérité s'affirmer.

En général, ces classes intermédiaires, faisant partie de la population saine de la Capitale, n'avaient plus alors que l'apparence du bien-être, qu'un semblant d'aisance.

Leur mise ou la simple désignation de leurs établissements, suffisait pour les empêcher de participer à la distribution des bons de pain et de viande, ainsi qu'à la solde accordée aux gardes nationaux.

Dans ces quartiers, on eût regardé de mauvais œil et considéré comme suspect le petit rentier ou le modeste commerçant venant réclamer ses trente sous.

Comme il arrivait, la plupart du temps, que les feuilles de paiement n'étaient pas émargées ; il en résultait qu'on ne pouvait établir de distinction sérieuse entre ceux qui recevaient la solde et ceux qui n'osaient la réclamer.

Tous les gardes nationaux étant portés d'ordinaire comme ayant reçu l'allocation, de là, pour certains capitaines et sergents-majors, des excédants considérables, des profits illicites, qui seraient devenus impossibles avec une bonne organisation.

Sait-on qui profita de l'anarchie administrative qui régnait partout? — La populace de Paris.

Les maraudeurs, après avoir pillé, dévasté la nouvelle banlieue, se sont procuré de l'argent grâce aux recéleurs. Ce sont ces bandits, pillards et recéleurs, faisant cause commune et même métier, qui, pour la plupart, ont trafiqué sur les bons de pain quand leurs chefs empochaient les excédants de solde.

XIV

La Presse pendant le siége et durant la Commune; le Cri du Peuple, le Mot d'Ordre, la Sociale, le Rappel et le Père Duchêne. — Comment Jules Vallès traite la bourgeoisie, et Victor Hugo, les ruraux. — Galanteries du Père Duchêne aux Sœurs de Charité; sa petite semonce aux Propriétaires; Conseil pour se débarrasser des otages; Ce qu'il faut faire des Tuileries.

Durant le siége de Paris, la presse s'est partagée en deux camps. Dans l'un, on ne s'occupait que de la défense nationale ; dans l'autre, on ne songeait qu'à renverser le gouvernement.

Jamais la presse malsaine n'a été plus débraillée, plus ignoble que pendant la tyrannie de la Commune.

Cependant, je crois que *le Cri du Peuple*, *le Mot d'ordre*, *la Sociale*, *le Rappel* et *le Père Duchêne* ont excité plus de dégoût qu'ils n'ont favorisé le désordre.

Si le gouvernement actuel avait été bien inspiré, il eût fait reproduire des extraits de ces journaux pour les répandre à profusion dans nos campagnes.

Sait-on ce qu'il en serait immanquablement résulté ?

Derrière chaque buisson, on eût trouvé un paysan, armé d'un fusil, tout prêt à faire feu sur les frères et amis du Père Duchêne.

— Nous y avons bien pensé, nous disait un ex-ministre du 4 septembre, mais nous avons eu la crainte de voir les campagnes confondre dans leur haine la République avec la Commune.

— Dame ! les paysans ne sont pas si bêtes ; ils pourraient découvrir entre elles certains signes de parenté même au premier degré.

— La République, vous le savez, n'est pas responsable...

— Pas plus, mais autant qu'une femme qui accouche d'un monstre.

J'ai collectionné avec soin tous les journaux publiés pendant la période du 4 septembre 1870 au 1er juin 1871, et voici quelques citations qui confirmeront l'opinion que je viens d'émettre.

Dans le journal *le Cri du Peuple*, le rédacteur en chef, Jules Vallès, s'exprimait en ces termes sur la bourgeoisie, dans un article ayant pour titre :

QUAND ILS SERONT LA.

« Le coupable s'appelle la bourgeoisie.

» Elle n'est pas morte; elle va mourir, et elle se redresse enfiévrée par le mal, mordue par le remords, sur son lit d'agonie.

» Elle se redresse et crie *à moi le peuple* !

» Elle oublie qu'elle n'a vécu quatre-vingts ans qu'en se baignant, de quinze ans en quinze ans, dans le sang de ce peuple-là, et elle réclame son appui, la moribonde, alors qu'elle devrait lui demander pardon.

» Le peuple lui répond : — Je te fais grâce, c'est assez ! —et regarde avec dédain l'agonisante qui s'enveloppe, de ses mains pâles, dans son drapeau tricolore...

» Honteuse des souvenirs de juin, la bourgeoisie veut faire faire le coup par l'ennemi ! C'est le Prussien qui assassinerait, elle aurait le bénéfice du massacre, sans en avoir l'infamie et le péril. L'assassinat passerait aux profits et pertes de la guerre banale dans le grand livre de l'Histoire.

» Elle compte sur ce que nous aimons l'odeur de la poudre, elle se dit que nous nous laisserons prendre à ce bruit de tambours et de clairons, à ces vivats, à ces sanglots, à ces cris de pélican blessé, que la colère des patriotes suspendus à la grille de la grande colonne fait tomber sur la tête des foules, comme des gouttes de sang.

» Et en effet, cela vous fait sauter le cœur dans la poitrine et gronder le sang dans les veines. C'est beau le remous d'un peuple et cette houle des bataillons... ces coups de talon qui tâtent la terre natale pour la sentir vivante !

» Mais vous vous êtes séparés de nous lorsque nous voulions vous sauver et vous avez laissé violer Paris, — avouez-le, — par haine de la révolution.

» La révolution a encore du sang à donner ; seulement, elle choisira son heure, non la vôtre.

(1er mars 1871.)

De Jules Vallès, qui s'acharne après la bourgeoisie, passons à Victor Hugo, et voyons comment le poëte arrange les habitants de nos campagnes, dans un feuilleton du *Rappel*, à la date républicaine du 29 germinal an 79 (10 avril 1871).

Ce feuilleton a pour titre :

LES RURAUX

Ils ont voté !
Troupeau que la peur mène paître
Entre le sacristain et le garde-champêtre,

Vous qui, pleins de terreur, voyez, pour vous manger,
Pour manger vos maisons, vos bois, votre verger,
Vos meules de luzerne et vos pommes à cidre,
S'ouvrir tous les matins les mâchoires d'une hydre,
Braves gens, qui croyez en vos foins, et mettez
De la religion dans vos propriétés;
Ames que l'argent touche et que l'or fait dévotes;
Maires narquois, traînant vos paysans aux votes;
Marguilliers au regard vitreux; curés camus
Hurlant à vos lutrins *Dœmonem laudamus*;
Sots qui vous courroucez comme flambe une bûche;
Marchands dont la balance incorrecte trébuche

. . . .

Noircisseurs de papiers timbrés, planteurs de choux,
Est-ce que vous croyez que la France c'est vous,
Que vous êtes le peuple, et que jamais vous eûtes
Le droit de nous donner un maître, ô tas de brutes?
Ce droit, sachez le bien, chiens du berger Maupas,
Et la France et le peuple eux-mêmes ne l'ont pas,
L'altière vérité jamais ne tombe en cendre.
La Liberté n'est pas une guenille à vendre,
Jetée au tas, pendue au clou chez un fripier.
Quand un peuple se laisse au piége estropier,
Le droit sacré, toujours à soi-même fidèle,
Dans chaque citoyen trouve une citadelle;
On s'illustre en bravant un lâche conquérant,
Et le moindre du peuple en devient le plus grand.
Donc trouvez du bonheur, ô plates créatures,
A vivre dans la fange et dans les pourritures.

Tous les vers se ressemblent, je ne dirai pas comme les perles d'un même collier.

Victor Hugo est, sans contredit, un grand poëte; mais que penser de l'homme politique ?

Si l'on affichait les vers de Victor Hugo sur les murs

de toutes nos mairies de village, je n'engagerais pas le poëte à s'y rendre en pèlerinage.

Revenons au journal *le Cri du Peuple.*

On y lit, à la date du 12 avril 1871, un tout petit article, emprunté au *Défenseur des Droits de l'homme*, de Lyon.

Cet article a pour titre :

QU'EST-CE QUE L'ORDRE ?

« Peuple, prie, paie et tais-toi :

« Voilà l'ordre.

« Une oie qui se laisse plumer, sans crier; un mouton qui se laisse tondre, sans bêler; une grenouille qui se laisse écorcher, sans coasser;

» Voilà des bêtes d'ordre.

» Et les amis de l'ordre sont ceux qui plument, tondent et écorchent.

Voici en quels termes le même journal *le Cri du Peuple* rend compte des funérailles de Flourens, d'après un autre journal, *l'Affranchi* :

« Avant hier, à quatre heures, le corps de notre ami a été exhumé du cimetière Saint-Louis à Versailles, et déposé dans une voiture des Pompes funèbres qui l'a ramené à Paris.

« A sept heures, il arrivait au cimetière du Père-Lachaise, et il était déposé dans le caveau de sa famille.

« Le plus profond mystère avait été gardé sur cette lugubre cérémonie.

Le cortège se composait : de la mère de Flourens, de son frère, d'un inconnu, et, de plus, de ce que ce cher et grand citoyen n'eût jamais admis, de ce qu'on peut appeler une impiété devant son cercueil, d'un PRÊTRE!

« Pas un ami, pas un frère en révolution.

« Systématiquement, sa famille lui a fait des funérailles de supplicié, à ce cher martyr.

(Le *Cri du Peuple*, numéro du 11 avril 1871).

Maintenant, passons à la collection du *Père Duchène.*

Dans le numéro 7, page 5, on lit ce qui suit :

« Une idée qui fait son chemin et qui va crânement au Père Duchêne, c'est celle de *Paris, Ville libre.*

« Ah! mes enfants, si nous avions compris cela dès 93, nous n'en serions pas où nous en sommes!...

« Nous n'aurions pas donné, comme des imbécilles, dans les piéges de tous ces Jean-foutres de réactionnaires, plate crapule qui vendrait son pays au Grand Turc pour une place de Sous-Préfet.

« Nous n'aurions eu ni le Corse, ni ce gros cochon de Louis XVIII, ni Charles X, l'homme à la tête de mouton, ni celui au parapluie sous le bras, ni ce vessard de Badingue. Nous n'aurions pas roulé toujours de dictature en monarchie, nous ne plierions pas encore, 80 *ans après la déclaration des droits*, sous le joug de l'ignorance et du calotinisme.

« Quand j'entre dans une école, foutre! et que je vois nos pauvres enfants dans les mains de ces corbeaux qui leur enseignent que le blanc est noir et que Capet fut un martyr, quand j'entends cela, tonnerre! mon sang ne fait qu'un tour et je m'enfonce les ongles dans la chair pour savoir si je suis bien éveillé. »

(2 germinal an 79).

Le n° 36 de cette étrange collection a pour titre :

LA GRANDE COLÈRE DU PÈRE DUCHÊNE *contre les gueuses de Sœurs et les jean-foutres de l'Assistance publique.*

Ah! les gueuses! s'écrie le marchand de fourneaux, qu'est-ce qui aurait dit ça?

Avec leurs airs de sainte nitouche!

C'est mauvais comme la gale!

Et ça veut gagner le ciel comme ça!

Nom de Dieu!

Est-ce que dans le paradis où les calotins prétendent qu'on ne reçoit que des honnêtes gens, il peut y avoir place pour des bougresses semblables?

Non, foutre!

Ou le Père Duchêne n'est qu'un jean-foutre!

Et nom de Dieu, ça n'est pas vrai!

Savez-vous ce qu'elles font, ces gueuses-là, patriotes?

Le Père Duchêne va vous le dire:

Eh bien toutes ces chattemites qui ne foutent rien pour la nation, et qui s'amusent à prier le ci-devant dieu entre leurs repas au lieu de travailler, ces chattemites ont été toutes collées par les Jean-foutres des anciens régimes dans les hôpitaux où les citoyens qui n'ont pas de quoi, sont forcés d'aller faire le saint après s'être toute leur vie esquintés pour nourrir les fainéants. Et dans ces sacrés hôpitaux — dont le Père Duchêne, qui connait ça, va un de ces jours dénoncer la foutue organisation — elles font tout ce qu'elles veulent et n'en prennent qu'à leur aise!

Ah! foutre! foutre!

(1er floréal an 79.)

Voici, dans le numéro 37, une petite semonce aux propriétaires:

Dis-donc, la Commune, tu sais que ça ne peut pas durer.

Voilà encore les Jean-foutres de propriétaires qui recommencent à lever le nez, nom de Dieu! Et qui se foutent de toi et de tes braves décrets comme de Colin-Tampon.

Qu'est-ce que ça veut dire, foutre!

Est-ce que tu vas souffrir ça longtemps?

Alors autant dire tout de suite que tout ça n'est que pour la rigolade, et que les sacrés chiens d'aristos ont le droit de faire toutes les misères aux bons bougres de patriotes.

Ce n'est pas là ce que tu penses, ni ce que tu veux, n'est-ce pas?

Eh bien, alors, ma vieille, écoute ce que le Père-Duchêne va te conter.

Il faut prendre des mesures pour que les aristos obéissent à la loi, comme tout le monde.

Parce que sans ça tu te feras passer pour une rien du tout.

Et que ça ne nous va pas.

Attendu qu'en se foutant de toi, ils se foutent de nous.

Ce qui nous défrise bougrement et ce que nous ne voulons pas supporter.

Il y a à Paris un tas de propriétaires qui font les malins.

Et qui ne se conforment pas du tout à ton bougre de décret sur les loyers,

Qui est foutre! pourtant bien le meilleur que tu aies jamais fait.

Il y en a d'autres qui mettent un peu d'eau dans leurs chopines, pour la forme.

Et qui ne désobéissent pas tout à fait.

Parce qu'ils ont peur et qu'ils n'osent pas encore trop faire leur gueule.

Mais ça n'empêche pas ces mauvais bougres-là de conspirer en-dessous contre toi.

La preuve, c'est qu'ils ont l'air de faire des manières avec les braves locataires.

Et qu'ils ne se cachent pas pour dire que les Jean-foutres de Versailles vont bientôt revenir.

Et qu'alors il faudra bien que les pauvres sans-culottes allongent leurs monacos.

Tu me diras que ça n'est pas dangereux,

Et que les Jean-foutres attendront s'ils comptent sur Foutriquet pour les tirer d'affaire.

Mais tout de même, ces choses-là embêtent les bons bougres.

Et le Père-Duchêne est d'avis que tu dois t'occuper de ça.

Afin de couper court à toutes les manigances.

Et que les braves patriotes soient tranquilles chez eux.

Ainsi, Commune, dépêche-toi bien vite de régler cette affaire-là.

Ordonne aux sacrés marchands de logements de foutre illico à leurs locataires la quittance signée, en bonne ordre, de tous les loyers remis.

Et fous moi dedans, sans hésiter, tous ceux qui n'auront pas obéi dans les vingt-quatre heures.

S'il y en a qui gueulent, laissent-les gueuler et fous-toi de ça.

Tu sais bien que le peuple est avec toi, n'est-ce pas?

Eh bien alors?

Et puis d'abord, vois-tu, il ne faut jamais canner avec l'exécution de la loi.

Il faut que ça marche.

(2 floréal, an 79.)

Après avoir houspillé les propriétaires, le *Père Duchêne* s'en prend aux notaires :

« Chaque fois, dit-il, que quelque chose ne va pas bien dans la Cité, le Père Duchêne est prévenu.

Eh bien, ce matin, nom de Dieu, il a reçu un bougre d'avis qui lui a foutu la puce à l'oreille.

Il paraît qu'il y a un tas de notaires, d'huissiers et autres Jean-foutres qui font des manières avec la Commune.

Et qui se donnent le genre de ne plus rien foutre, sous prétexte qu'ils ne reconnaissent pas le nouveau gouvernement. »

Le nouveau gouvernement se fout bien que ces bougres-là le reconnaissent ou ne le reconnaissent pas.

Mais il ne peut pas consentir à ce que toute la machine soit détraquée parce que ça fait plaisir à trois ou quatre foutus aristos de faire leur gueule...

Et pour en finir avec les manigances des Jean-foutres en question, le Père-Duchêne propose :

Que la Commune de Paris flanque à la porte tous les bougres qui se foutent d'elle, en ne voulant pas exercer leur sacrée profession,

Et qu'elle nomme à leur place de bons patriotes qui marchent droit et ne refusent pas leurs services aux citoyens qui les demanderaient.

Ce sera carré au moins.

Seulement comme le Père Duchêne aime bougrement les principes et l'honnêteté, ce qui est rare chez les notaires, huissiers, etc.

Il pourra dire que la Commune de Paris épargne au bougre qu'elle nommera, la tentation de tomber dans les mêmes filouteries que ses confrères.

Et qu'au lieu d'accorder un privilége, elle confère une fonction...

(Numéro 40, 5 floréal an 79.)

Passons à la question des otages que le *Père Duchêne* tranche de la manière suivante, dans son numéro 46 :

« Il y a du temps, citoyens membres de la Commune, que le Père Duchêne ouvre l'œil sur vous.

Parce qu'il sait bien que la plupart d'entre vous sont de bon bougres carrément décidés à faire leur devoir jusqu'au bout. Il en est aussi quelques-uns qui n'ont pas cette mâle et suprême résolution qui fait tout braver dans l'intérêt de la Cité.

Foutre!

Il ne s'agit pas d'être des trembleurs et de passer pour des couillons...

Comment, foutre! comment.

Quatre gardes nationaux viennent d'être cernés, pris et fusillés par les gendarmes de Versailles.

Quatre fédérés ont été lâchement mis à mort, au mépris de toutes les lois de la guerre, de toutes les conventions établies qui veulent qu'on respecte la vie des soldats prisonniers.

Quatre défenseurs de la Commune de Paris ont été passés par les armes... vous vous contentez d'ordonner une enquête... Ceux d'entre vous qui ont ordonné l'enquête ne l'ont fait que par poltronerie, et parce qu'ils n'osaient pas appliquer la loi sur les otages, qui veut, par son article V, que *l'exécution d'un partisan de la Commune, par les gredins de Versailles, soit aussitôt suivie de l'exécution d'un nombre triple de gens retenus comme otages...* »

(11 floréal an 79.)

Passons au numéro 64 dans lequel il est question d'une promenade du *Père Duchêne* autour de la place Vendôme et d'un repas à Ménilmontant :

« Un vieux qui a rudement rigolé hier soir, c'est le Père Duchêne !

Parce que le bougre est allé à la Place Vendôme avec un grand nombre de patriotes de ses amis, et que là il a pu constater que cette fois la Commune ne veut plus qu'on se foute d'elle, et qu'elle est décidée à faire exécuter ses décrets. Et ça a fait rudement plaisir au Père !

Nom de Dieu ?

Si vous l'aviez vu faire le tour de la Place, marchant comme le ci-devant bon Dieu à la procession, et ouvrant l'œil à droite et à gauche, vous auriez bougrement ri.

Car le bougre était là dans sa carmagnole, et se faisait une chopine de bon sang, en voyant par terre l'oncle de Badinguet !

Quel tas de mitraille.

Et comme le Père Duchêne espère qu'on va foutre avec tout ça pour le peuple, de bon gros sous, bien luisants et ayant le poids !

Il faut tout ça.

Et qu'est ce que nous avions besoin, le Père Duchêne vous le demande un peu, de tout ce bronze qui n'avait jamais été utile à l'humanité depuis qu'il était bronze...

— Dans le même numéro, page 3, le Père Duchêne continue :

« Mais nom de tonnerre! c'est maintenant les jean-foutres Henri IV, Louis XV et la foutue chapelle dite expiatoire du ci-devant Capet le seizième, qu'il faut foutre par terre. »

— Plus loin, au bas de la même page :

« Le Père Duchêne demande ce que vous allez faire du bonhomme en chair et en os qui est aux Invalides !

Vous l'avez, lui-même, empaillé avec des aromates dans l'estomac de peur qu'il ne se gâte!

Voyez-vous ça ?...

Après l'avoir condammé en effigie, absoudrez-vous sa personne ?

Ce ne serait pas logique, dit le Père Duchêne.

Et le vieux propose, lui !

Qu'on foute le corps de Badinguet 1er dans un lit de

chaux vive, parce qu'on n'a pas besoin de garder des saletés pareilles, et que, quand on va voir ça, ça ne sent pas déjà si bon.

Outre que ça fout des idées de majesté et de gloire dans la la cervelle des gens simples!

Allons, allons! foutez ça dans un lit de chaux vive, ou brulez-le.

Et jetez tout ça dans la Seine, ou dans les égoûts!

Le Père Duchène dit que c'est pas la peine de garder les restes d'un gredin qui a fait tuer plus de quatre millions d'hommes, et que pour des bougres semblables il n'y a qu'un endroit convenable :

— C'est le dépotoir.

Dans le numéro 65, le *Père Duchêne* s'exprime en ces termes sur un des monuments de la Ville de Paris :

« Le Père Duchêne a été bougrement content qu'on avait foutue en bas le Jean-Foutre Badinguet Ier.

Mais, nom de Dieu, ce n'est pas tout et ça n'est que le commencement de la besogne.

Il y en a encore à faire, et ce n'est pas ce qui manque, ah! foutre, non!

Et d'abord, ce qu'il faut faire, c'est abattre la niche à pourceaux qu'on appelle les *Tuileries* !

Il n'y a pas dans toute la Cité un monument plus sale, et qui rappelle plus d'horreurs et d'infamies que celui-là.

.... puis plus loin, page 3 du même numéro :

« Qu'on démolisse cette maison de cochons, nom de dieu! »

Ici, je m'arrête, le cœur soulevé de dégoût.

Cette belle langue française que tant d'illustres écrivains ont enrichie, la voir ainsi défigurée, polluée par des misérables trempant leurs plumes dans la boue des ruisseaux de Paris.

La pureté, la précision, la grandeur de notre langue française constituaient aux yeux de ces bandits une noblesse qui les importunait et dont il fallait se défaire.

Les trois républiques que la France a subies demeurent inséparables de ces excès.

Le beau langage, il fallait l'avilir, en faire un jargon pour se familiariser avec la populace de Paris et s'en faire aimer.

Le *Père Duchêne* de 1793 est l'aïeul du *Père Duchêne* de 1871: même cynisme, profanations semblables. C'est la même école de meurtres, de pillage avec l'incendie en plus en 1871. — L'École s'est complétée. Le régime de la Terreur n'admet pas plus la discussion en 1793 que la Commune en 1871; l'une et l'autre suppriment les journaux pour exercer impunément une dictature qui ne permet pas de contradiction.

Mais il arrive que ces écrivailleurs, au lieu de vicier toute une nation, déshonorent leur mère : la République. Leurs écrits, avec le temps, deviendront des contre-poisons.

XV

En administration Municipale de Paris, la liberté absolue est aussi dangereuse que la restriction. — Les électeurs ne demandent pas aux candidats : avez-vous étudié Paris, son administration ancienne et moderne? On leur pose cette question : Etes-vous Républicains? — Conclusion.

L'administration actuelle est la contre-partie de celle qui fonctionnait sous le second Empire.

L'une représentait la restriction complète; l'autre est l'image de la liberté absolue.

Voyons si le repos de la France, aussi bien que les intérêts de la Ville de Paris, seront sauvegardés par la seconde, après avoir été compromis par la première.

Examinons sous quelle influence ont été faites les dernières élections municipales.

Dans presque tous les arrondissements excentriques, les électeurs se sont bornés à cette unique question aux Candidats.

— Êtes-vous républicains ?

Ceux qui affirmaient cette opinion, étaient improvisés administrateurs de la Ville de Paris, bien qu'ils ne connussent pas le premier mot de son administration.

On se demande de quelle façon agirait cette fraction importante du Conseil municipal de Paris, si la France, en dernier ressort, exprimait une opinion opposée à celle qui a prévalu lors de l'improvisation politique d'une partie de ce Conseil.

Pour moi, je vois plus qu'une menace dans cette improvisation politique de l'Administration municipale de Paris. — C'est un danger permanent.

On a dit :

« Le suffrage universel n'admet aucune distinction dans le choix des candidats aux fonctions politiques; pourquoi et comment établir des catégories au sujet de l'élection des membres du Conseil Municipal de Paris? Ainsi tel homme qu'on estimerait habile à défendre les intérêts généraux du pays, pourrait n'être pas reconnu capable de sauvegarder les intérêts d'une Ville. Il y aurait là une contradiction qui fausserait, dans une de ses applications les plus rationnelles, le principe du suffrage universel.

— A ceci, je réponds :

Je n'ai pas à discuter le principe du suffrage universel qu'on applique aux élections politiques ; l'expérience qui se poursuit est loin, d'ailleurs, de me paraître concluante.

En admettant même que cette tentative obtienne tout le succès désirable, est ce une raison déterminante pour que le principe du suffrage universel, qui préside à la nomination des députés appelés à discuter des questions politiques, reçoive son application en ce qui concerne les Conseillers municipaux de Paris n'ayant qu'une mission administrative à remplir.

S'il en devait être ainsi, d'un côté, Paris n'aurait jamais pour défendre ses véritables intérêts, une réunion de magistrats, un Conseil municipal sérieux, une administration intelligente enfin.

De l'autre côté, la France subirait une seconde assemblée politique dans Paris ; ce serait évidemment un État dans l'État.

C'est ainsi que la liberté absolue, en fait d'élections municipales, a procédé lors de la première révolution ; c'est elle qui a donné naissance à la Commune de Paris, en 1793. Sa mission, on le sait, n'avait aucun caractère administratif ; elle était toute politique et consistait à dominer la France, par la Convention nationale, en faisant monter sur l'échafaud les représentants qui ne voulaient pas subir la pression de la populace de Paris.

Le suffrage universel, appliqué, sans discernement, aux élections municipales de Paris, reproduirait infailliblement un jour les excès de 93.

Que voulaient en réalité les hommes qui réclamaient, par l'insurrection, une seconde Commune, le 31 octobre 1870? Sur leurs drapeaux, on lisait :

Paris ville libre !

Il était bien question, ma foi, de franchises municipales !

Les meneurs entendaient, en réalité, continuer à leur profit la révolution du 4 septembre, en la faisant rouge de tricolore qu'elle était.

Ils voulaient se substituer à leurs devanciers, pour lesquels la révolution avait été si lucrative, afin de jouir à leur tour des bienfaits et des largesses de la troisième république, imposée à la France au préjudice de sa dignité, au détriment de son honneur; — voilà ce qu'ils voulaient.

Maintenant, quelle est l'administration municipale qui sauvegarderait le plus complétement les intérêts de Paris, sans exercer de pression sur la France?

Telle est la véritable question qn'il importe de traiter.

L'augmentation de la population de la Capitale, dans le sens des classes nécessiteuses, a été considérable, surtout dans une période de dix années, de 1858 à 1868, et cela, je l'ai dit, par suite de l'exagération follement dépensière des grands travaux.

Cette population est toute provinciale ou étrangère; qu'on la torde, par la pensée, on ne saurait en exprimer l'essence la plus pure de la nation.

Tout en établissant de justes distinctions, beaucoup de frelons peuvent encore aujourd'hui troubler les abeilles dans la ruche parisienne. Est-il juste, est-ce rationnel d'accorder à ces émigrants une participation quelconque dans l'administration d'une Capitale dont les intérêts leur sont aussi complétement inconnus et indifférents, que s'il s'agissait pour eux d'une ville du céleste Empire?

Ne serait-ce pas là une des plus dangereuses applications du suffrage universel dans Paris, en matière d'administration municipale ?

En effet, parmi ces émigrants, s'il en est qui, par le travail, ont acquitté la dette de l'hospitalité parisienne, beaucoup sont venus grossir le contingent, déjà formidable, de la populace de Paris.

Quel serait donc, un jour, le produit des élections municipales dans les quartiers où finiraient par dominer ces bohêmes étrangers à la Capitale ?

Ne pouvant être sincèrement municipales, ces élections se feraient toutes politiliques, et dans quel sens encore ? Certainement dans le sens révolutionnaire le plus prononcé.

On nous dit : D'après la nouvelle loi, les questions politiques doivent rester étrangères au Conseil Municipal de Paris.

Cette assertion est burlesque.

Si des révolutionnaires ont été nommés membres du Conseil Municipal de Paris, uniquement en raison de la couleur foncée de leur républicanisme, peut-on supposer qu'ils déposeront dans le vestiaire, avec les cannes et les parapluies, leurs opinions politiques ?

Qu'une tentative d'insurrection ait des chances de succès, ces prétendus Conseillers Municipaux en deviennent les meneurs.

Comme on le voit, le suffrage universel, dans les élections municipales, est dangereux, au point de vue politique ; sous le rapport administratif, il menace d'être encore plus funeste.

En effet, l'administration de la ville de Paris a toujours exigé de longues et patientes études, précisément parce que Paris est Capitale, ayant des intérêts souvent hostiles aux intérêts de la province. C'est donc une administration à part, dont il faut connaître toutes les traditions, toutes les lois, tous les différents services municipaux. On naît poëte, artiste, écrivain ; il faut devenir administrateur parisien.

C'est surtout à la grande érudition de ses magistrats que la ville de Paris a dû son étonnante prospérité. Voilà pourquoi les autres cités l'ont saluée Reine.

Avec le suffrage universel, vous n'obtiendrez, dans un temps donné, pour Conseillers Municipaux, dans nos arrondissements excentriques et dans plusieurs quartiers de l'ancien Paris, que des marchands de vins en détail, des restaurateurs, des épiciers, des agents d'affaires ou des énergumènes transformant en club l'Hôtel-de-Ville, si toutefois ces détaillants et leurs collègues, les agitateurs, daignent en permettre la reconstruction.

J'estime les états les plus modestes à l'égal des professions les plus relevées, alors que les uns comme les autres sont exercés avec la même honnêteté.

Mais enfin, au point de vue municipal, sous le rapport de l'administration de Paris, il est des états qui sont extravagants ; aussi, quand d'honnêtes détaillants en vins, en épiceries ou autres, en se caressant le menton, se laissent bénévolement improviser administrateurs de la Capitale, il est permis de hausser les épaules et de plaindre la Ville de Paris, en se demandant : que dira la France et que pensera l'Europe?

Que Quimper-Corentin, Brives-la-Gaillarde et même Landerneau, empruntent leurs Conseillers municipaux

aux professions les plus ébouriffantes; que les administrateurs y soient tous choisis dans les états de bouche les plus appétissants; que ces braves gens se construisent un pigeonnier, en guise d'un Hôtel-de-Ville et s'y permettent l'administration la plus volatile, mon Dieu ! je ne m'en sentirais pas profondément affligé. Je me dirais : le niveau artistique de la France n'en baissera pas sensiblement.

Mais à Paris !

Il ne suffit pas d'avoir appris la grammaire de Lhomond, de posséder ses quatres règles, d'avoir, toute sa vie, débité du vin à seize, d'être consommé sur le fricandeau à l'oseille, ou d'oser s'affirmer républicain, pour se permettre des libertés grandes à l'endroit de cette Ville, en mettant effrontément la main sous la robe de cette Reine.

Pour résumer mon opinion :

La science administrative continuerait la splendeur de Paris, augmenterait son attraction sur les étrangers, sur les riches, les artistes et les savants, tandis que l'ignorance poursuivrait, sans désemparer, la *décapitalisation* de cette Ville, pour en faire, après avoir violé cette Reine, une formidable Cité ouvrière, un Paris forgeron et communard.

Comme on le voit, en fait d'édilité parisienne, l'anarchie, résultat immanquable du suffrage universel, est toute aussi dangereuse que la restriction. — L'une et l'autre proscrivent impitoyablement la science administrative.

En effet, sous le second Empire, la Ville de Paris n'a jamais possédé dans sa Commission Municipale un seul membre unissant à la connaissance du passé la science administrative du présent.

Aujourd'hui, sous la troisième République, le niveau du savoir administratif baisse encore.

Les intérêts de la Ville de Paris, comme je viens de le dire, se trouvent parfois en désaccord avec ceux de la province ; il faut donc à la Capitale une administration parisienne.

Je n'entends pas évidemment par là un Conseil Municipal, composé des seuls parisiens, à l'exclusion rigoureuse des provinciaux résidant à Paris depuis un certain temps ; mais je demande raisonnablement un Conseil Municipal sachant représenter et défendre les intérêts parisiens.

Voyons comment ces deux intérêts : l'un parisien, l'autre provincial, peuvent être parfois en désaccord ; j'entends en administration, jamais en politique.

Je prends pour thème l'une des plus importantes questions édilitaires : celle de *l'octroi de Paris*.

Eh bien! en principe, la conservation des taxes d'octroi représente l'intérêt parisien, leur abolition l'intérêt provincial. — Pourquoi ?

C'est, avec le produit des taxes municipales, aujourd'hui connues sous le nom d'octroi de Paris, que la Capitale a pu construire la plupart des splendides monuments qui décorent cette Ville, le plus merveilleux spécimen artistique de la France.

Cette nécessité de magnificence pour une Capitale

était la conséquence d'une nécessité plus impérieuse encore, celle de la stabilité du pouvoir.

Ces taxes municipales, frappant de préférence les objets de consommation, les plus productifs des impôts, étaient autant de barrages aux flots toujours envahissants de nos provinces. Paris, jusqu'en 1789, a toujours renfermé une majorité riche ou aisée qui pouvait assurer un travail constamment rémunérateur à la minorité pauvre et laborieuse.

Tel était et tel devrait être encore compris le véritable intérêt parisien.

L'intérêt provincial affiche un faux libéralisme. En réalité ce qu'il veut, en demandant l'abolition des taxes d'octroi de Paris, c'est la faculté de faire entrer en franchise, sans bourse délier, ses vins, ses bestiaux ses blés, etc.

Paris, ville de consommation et non de production, est, pour la province, un immense marché qu'elle entend approvisionner, une mine d'or qu'elle veut exploiter, — Voilà l'intérêt provincial dans la question de l'octroi de Paris.

Quel est le plus juste des deux systèmes, le plus profitable à Paris et le plus avantageux à la France entière ?

Le lecteur va prononcer.

L'abolition des taxes d'octroi aurait pour conséquence l'iniquité la plus monstrueuse; en effet, Paris, où les vrais travailleurs gagnent davantage, deviendrait la Ville où l'on vivrait à meilleur compte. De là, l'envahissement de la Capitale par les classes ouvrières et pauvres de la province au préjudice de Paris, au détriment de la France qui souffre déjà d'un anévrisme au coœur.

Cet envahissement serait encore plus formidable et plus dangereux que celui que la Capitale a subi sous l'administration de M. Haussmann, par l'exagération des grands travaux dans Paris.

Les économistes, qui sont des ignorants en fait d'administration municipale de Paris, s'apitoient sur le sort des ouvriers de cette Ville en disant: les taxes d'octroi frappent les objets de première nécessité qu'il faudrait exonérer au contraire dans l'intérêt des classes pauvres.

Si le principe que préconisent les économistes était appliqué, il punirait cruellement les ouvriers de Paris, j'entends ceux qui sont laborieux.

En effet, l'abolition des taxes d'octroi ouvrant toutes les écluses aux flots avariés de la province et de l'étranger, il en résulterait évidemment une concurrence fiévreuse, désordonnée qui amènerait bientôt l'avilissement des salaires, au préjudice des ouvriers de Paris surtout.

Ils ont une famille ; les ouvriers provinciaux n'en ont pas d'ordinaire à Paris; ces derniers peuvent s'engager à prix réduits. La lutte n'est donc pas égale et serait mortelle un jour aux ouvriers parisiens.

Que faut-il donc à Paris?

Des franchises municipales clairement définies, des libertés nécessaires et pratiques.

Pour exercer un droit municipal, il importe de donner des garanties; parce que le calme dans Paris est le repos de la France.

Les cultivateurs qui trouvent que la terre est trop lourde à remuer, les ouvriers de nos provinces, désireux d'un salaire plus abondant, avec moins de travail; puis tous ces ambitieux cherchant un horizon plus vaste; toutes ces existences sans emploi ou tarées qui viennent fondre sur Paris, comme sur une proie, ne sauraient participer impunément à l'administration de la Capitale.

Ces électeurs improvisés sont des électeurs de mauvais aloi; ils ne sauraient introduire, dans le Conseil Municipal de Paris, que des magistrats incapables ou dangereux.

En fait d'édilité, ce qu'il faut à Paris ce sont des électeurs et des élus qui tiennent au sol parisien par la famille; c'est elle qui inspire le devoir, commande le travail et crée une position, des intérêts qui vous donnent *un droit de Cité*, nous rendant tous solidaires de la prospérité et de la sécurité de la Capitale.

En un mot, le Conseil Municipal de Paris doit être une émanation honnête et pure de la véritable population parisienne et non un produit frelaté de nos provinces.

Je ne suis pas le moins du monde hostile à *l'essai loyal* d'une troisième République; mais j'avoue franchement que je ne crois pas à sa floraison.

Je puis me tromper en politique; car c'est toujours une question de sentiment ou d'affection.

En effet, je suis enfant de Paris et j'aime cette Ville; toute ma vie, je l'ai étudiée, courtisée, savourée.

Nos Rois ayant fait, d'une chétive bourgade habitée par quelques pêcheurs et de pauvres bateliers, la splendide Capitale, la Cité-Reine que nos trois Républiques ont voulu tour à tour défigurer ou brûler vive, donc j'aime la Royauté et je hais la République. — C'est naturel.

Mais comme l'amour a ses illusions et la haine ses erreurs, on peut dire de moi : c'est un politique sentimental.

Mais en fait d'administration, c'est différent; j'ai passé l'âge des amours, et, comme disait un de nos vieux magistrats en affirmant trente années d'étude, il a neigé sur ma tête.

Eh bien! je mets au défi l'homme d'État le plus distingué d'oser tenter impunément à Paris autre chose qu'une administration essentiellement et uniquement royaliste.

En effet, Paris transpire le royalisme par tous les pores. Examinez nos édifices, nos établissements publics; les plus beaux, les mieux placés dans l'estime de l'Europe, tous portent un cachet royal. Impossible de l'arracher tant il est profondément incrusté dans la pierre. — Il faut brûler Paris ou l'honorer royaliste par ses monuments.

Huit siècles de royauté ont fait de Paris une Capitale luxueuse, savante, artistique, la préférée des étrangers qui l'enrichissaient.

Contrariez cette nature, insurgez-vous contre tant de

grandeurs et de beautés, et faites de l'administration révolutionnaire : plus d'étrangers, plus de riches, plus de luxe. Alors qui encouragera le savoir, qui achètera ce tableau, qui paiera cette statue, qui entretiendra le haut commerce, qui fécondera la grande industrie?

L'ouvrier parisien lui-même ne se fait pas maçon, terrassier, il est artiste. Donc il lui faut une Ville de luxe pour son état de luxe.

La France n'est-elle pas grandement intéressée à voir la ville de Paris se continuer?

Que sont les savants, les poëtes, les peintres, les statuaires, les musiciens, les ouvriers artistes de la France sans la consécration de Paris?

Toutes les grandes intelligences demeurent infécondes ou sont laissées dans l'ombre.

— Paris est leur rayonnement.

Mais pour remplir la grande mission que Dieu lui confie, que faut-il à Paris?

Une organisation vraiment municipale et sincèrement parisienne qui favorise son influence sur la civilisation par les Sciences et les Arts, sur la prospérité du pays tout entier par la consolidation du gouvernement dont la France, qui va se recueillir, se réserve le choix et la préférence.

Mais si vous laissez impunément, comme cela s'est fait depuis quatre-vingts ans, nos provinces et l'étranger vomir toutes leurs impuretés dans Paris, ce seront les bohêmes de tous les pays qui, formant une majorité dans les élections municipales, disposeront des destinées de Paris et du gouvernement de la France.

Devrons-nous être condamnés, nous autres Parisiens, à livrer notre fortune, notre sécurité, l'avenir de nos enfants à des administrateurs de pacotille, improvisés magistrats de Paris uniquement parce qu'ils sont révolutionnaires.

Ces étrangers à Paris, sans profession constatée, sans amille, seraient les maîtres d'une Capitale dans laquelle ils n'ont qu'un intérêt : le bouleversement.

N'avons-nous pas vu tout récemment les portes du Palais municipal s'ouvrir à deux battants pour laisser entrer en triomphateur, acclamé, porté par trois circonscriptions de Paris, un de ces Édiles comme les révolutions seules ont le secret de les improviser, faisant son apprentissage de magistrat en décrochant les crucifix de nos écoles et de nos salles d'asile, pour tomber, de chute en chute, jusqu'au banc de la police correctionnelle ?

Loin de ma pensée de faire de la flétrissure infligée au Conseiller Municipal, heureusement étranger à Paris, un argument défavorable à l'administration actuelle.

Mais enfin il y a là un fait que j'ai droit de retenir et d'apprécier.

La majorité des trois circonscriptions dont je viens de parler, avant de cueillir cette primeur administrative, pouvait ignorer le spéculateur, mais elle savait par cœur le magistrat qui avait dépouillé les écoles et les salles d'asile de son arrondissement des signes vénérés d'une religion qui est celle de presque tous les enfants de Paris.

Si cette triple victoire n'était pas un hommage au

magistrat, nous devons au moins la considérer comme l'approbation de son acte.

Qui donc a permis cette approbation, si ce n'est l'absence d'une organisation municipale, forte, unitaire, et vraiment parisienne ?

Je le répète en terminant :

L'histoire municipale de Paris nous offre trois enseignements douloureux à méditer.

La première administration municipale et républicaine a donné naissance à la première Commune de Paris qui a organisé et fait exécuter les massacres de septembre.

La seconde, par les ateliers nationaux, a préparé l'insurrection de juin, comme la troisième administration municipale du 4 septembre, par son incurie, devait produire une seconde Commune de Paris, laquelle a procédé par le pillage, le massacre et l'incendie.

LOUIS LAZARE.

1086 Paris. Typ. Morris père et fils, rue Amelot, 64.

www.ingramcontent.com/pod-product-compliance
Ingram Content Group UK Ltd.
Pitfield, Milton Keynes, MK11 3LW, UK
UKHW020555230726
13926UKWH00005B/2034